LES OUTILS DU MANAGER

Conception et réalisation
HUBERT DEVEAUX & Co

sous la direction de Marie GARAGNOUX et Béatrice LEROY
Maquette de couverture : Bernard FLAGEUL
Composition et mise en pages : Atelier Régine FERRANDIS

ISBN 2-910157-06-7

COLLECTION DEMOS RESSOURCES HUMAINES

LES OUTILS DU MANAGER

POUR MOTIVER SES COLLABORATEURS, ORGANISER, CONTRÔLER ET METTRE EN ŒUVRE UN PROJET D'ÉQUIPE

Bertrand POULET

LES ÉDITIONS DEMOS

Sommaire

Préface P. 7

Chapitre 1
La mission du responsable P. 9

Les quatre axes de la mission du manager :
L'axe 1 : le « client »
L'axe 2 : le produit ou le service
L'axe 3 : l'équipe
L'axe 4 : la gestion

Chapitre 2
La motivation P. 25

L'analyse du terme « motivation »
Un siècle d'histoire de la « motivation »
L'échelle des motivations
Ce qu'en pensent les managers
L'analyse des valeurs de votre équipe et de votre environnement

Chapitre 3
L'analyse de l'équipe P. 66

L'analyse des comportements de l'équipe
Le point sur les compétences et la motivation des collaborateurs

Chapitre 4
Les styles de management P. 95

La grille du management
Les quatre cartes du manager

Chapitre 5
Les techniques et les outils de communication du manager P. 130

Communiquer et informer
Informer
Faire passer un message
Négocier
Former un collaborateur
Reconnaître un collaborateur
Recadrer un collaborateur
Déléguer
Le droit à l'erreur

Chapitre 6
Construire un projet d'équipe — P. 167
Phase 1 : définir les valeurs ou les axes importants aux yeux de l'équipe
Phase 2 : dégager les critères pertinents et concrets pour chaque valeur
Phase 3 : faire établir par l'équipe le « test/diagnostic » de chacune des valeurs
Phase 4 : la définition du projet avec l'équipe
Phase 5 : la définition du plan d'action

Chapitre 7
La progression personnelle du manager — P. 180
La courbe de progression
Visualiser ses objectifs de progrès
Utiliser la ressource temps
Le plan d'action des objectifs de progression
Le récapitulatif des outils

Bibliographie — P. 189

Préface

▲▲▲▲▲▲

Que ce soit dans le monde du sport, de l'art, des associations et bien entendu de l'entreprise, la responsabilité du manager l'amène à être comptable des résultats de son équipe et des collaborateurs qui la composent.

À la question « Qu'est-ce que manager une équipe ? », les concernés répondent :
« Diriger, encadrer, guider, suivre, planifier, budgétiser, anticiper, communiquer, évaluer, récompenser, commander, piloter, animer, coordonner, décider, entraîner, responsabiliser, faire faire, imposer, dominer, gérer, développer, insuffler, tolérer, écouter, contrôler, faire adhérer, donner envie, comprendre, respecter, entourer, participer, organiser, impulser, promouvoir, aider, gratifier, sanctionner, informer, planifier, solutionner, motiver, surveiller, encourager, rassurer, former, harmoniser, conseiller, déléguer, réunir, prévoir, mener, donner des ordres, mettre en scène, supporter, aider à décider, oser, rendre compte, analyser, synthétiser, définir, répartir, concevoir, valoriser, réfléchir, consulter, apprécier, orienter, solutionner, féliciter, dynamiser, recadrer, pousser, tirer, soutenir, épanouir, intéresser, positiver, clarifier, accompagner, impliquer, etc. »

Ces synonymes du verbe manager montrent à quel point les responsables ont intellectuellement intégré leur mission. Ils savent ce qu'il faut faire, ils savent en parler. Mais ont-ils pour autant l'habileté pratique sur le terrain ?

Ce livre n'est donc pas un livre **sur** le management, mais un livre **pour** les managers. Il est destiné à apporter des outils et des techniques simples et concrets qui faciliteront l'application des intentions de chaque responsable d'équipe. Ce sera l'occasion pour lui de formaliser et de retravailler des pratiques informelles déjà constituées sur le terrain. C'est en ce sens un livre à écrire par le lecteur, car il comporte de nombreuses grilles de réflexion personnelle.

Faire gagner du savoir-faire dans les actes les plus essentiels du management d'équipe, voilà la seule prétention de cet ouvrage.

Jean Wemaere

Président-directeur général du Groupe Demos

1. La mission du responsable

L'une des premières questions, au début d'un séminaire sur le management d'une équipe de travail, est de savoir ce que veut dire le verbe « manager ». Nous savons déjà quels en sont ses synonymes, mais nous ignorons sa définition exacte. De plus, ce terme représente une incursion anglophone dans notre belle langue française.

Un simple détour par le dictionnaire nous apprend qu'il s'agit bien d'un terme anglais du milieu du XIXe siècle : « to manage » qui veut dire « manier, diriger ». Suit une définition concernant le substantif : « *celui qui veille à l'organisation matérielle de spectacles, concerts, matches ou qui s'occupe plus particulièrement de la vie professionnelle et des intérêts d'un artiste* » (Le Petit Robert). Pas grand-chose sur le monde de l'entreprise. Il suffit alors de transposer cette définition à notre propos et nous obtiendrons peut-être un éclairage intéressant. Cela pourrait donner : *celui qui veille à l'organisation matérielle du travail, des objectifs, des prestations, et qui s'occupe plus particulièrement de la vie professionnelle et des intérêts d'une équipe.* C'est une adaptation toute personnelle mais elle représente somme toute une bonne base de départ.

Tout responsable dans l'entreprise sait très bien que diriger une équipe revient à manager la complexité. Nous trouvons, dans la définition citée plus haut, les notions d'organisation matérielle du travail, les objectifs, les prestations, ainsi que la vie professionnelle et les intérêts de l'équipe. Autant d'éléments à mener de front avec la plus grande vigilance.

« Celui qui veille », le manager, doit donc, pour assurer sa vigie, prendre régulièrement de la hauteur ou du recul. Il se doit même de « sur-veiller » les différents éléments clés dont il est responsable.

Pour faciliter sa veille et soutenir l'attention du manager nous lui proposons un tableau de bord de sa mission. Les indicateurs, les voyants, les alarmes ne sont là que pour lui permettre de faire le point et d'envisager au besoin des actions correctives.

Le management d'une équipe ne se résume pas aux seuls aspects relationnels avec ses collaborateurs, il contient tous les éléments du rôle et de la vie d'une équipe dans l'entreprise.

- **« La mission du responsable d'équipe » :** c'est le titre de l'outil que nous allons découvrir ensemble. Il vous permet :
– de resituer la part de l'équipe dans la mission globale du manager ;
– de faire apparaître l'utilité des tableaux de bord dans votre animation d'équipe ;
– de clarifier les différents axes de la mission en établissant un autodiagnostic des outils déjà mis en place par le manager ;
– de commencer à définir personnellement des pistes d'amélioration que vous pourrez creuser et enrichir au fil des chapitres suivants.

« La mission du responsable d'équipe » s'organise selon quatre axes. Chaque axe porte en lui « une zone de veille » particulière et requiert des indicateurs adaptés.

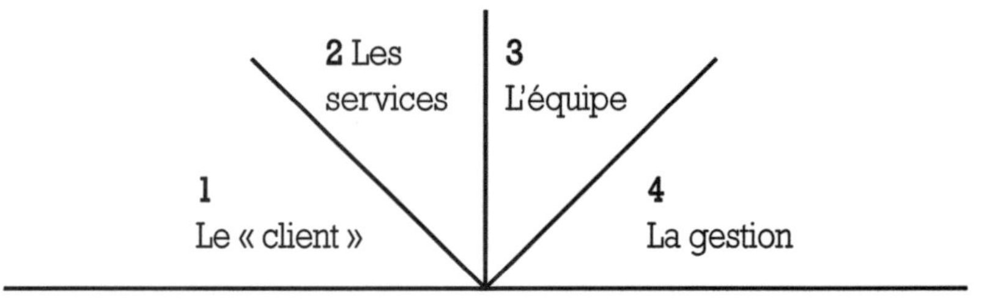

Pourquoi ces quatre axes ?
• **L'axe 1** prend en compte l'environnement vital de toute entreprise qui est le marché qui la fait vivre. C'est vrai pour une entreprise mais aussi pour toute équipe qui, elle aussi, possède un « marché » interne et entre dans une véritable relation « client/fournisseur » à l'égard des autres services de l'entreprise.
• **L'axe 2** se centre plus spécifiquement sur les produits et les services ainsi que les modes de fabrication adoptés par l'équipe.
• **L'axe 3** s'intéresse à l'équipe, en tant que système, et aussi aux contributions individuelles de chacun des collaborateurs qui la composent.
• **L'axe 4** met l'accent sur le système de gestion du manager en le faisant réfléchir sur ses tableaux de bord et la manière dont il les utilise.

L'axe 1 : le « client »

■ Nous savons tous que la première finalité d'une entreprise est avant tout de survivre, vivre et, mieux encore, prospérer. Cette lutte incessante se fait par l'acquisition toujours plus grande d'un espace vital que l'on appelle le marché, un peu à la manière dont les arbres se battent dans une forêt pour accéder à la lumière, s'en nourrir et ainsi continuer leur développement. Le premier objectif d'une entreprise et de tous ceux qui la constituent, c'est **le client.** Il se situe au démarrage et à la fin de toutes nos actions : par sa commande, il nous fait travailler, et par son paiement, il nous rémunère. Même si nous n'entretenons pas un lien direct avec lui, il est omniprésent dans la finalité de notre action. Ce client-là, nous l'appellerons le client externe pour le différencier du client interne.

Avant que ce terme de client ne prenne dans notre langage une consonance essentiellement économique, l'antiquité désignait sous ce mot un plébéien qui se mettait sous la protection d'un patricien. L'analogie contenue dans cette étymologie éclaire d'une manière originale la relation « client fournisseur/interne » dans l'entreprise. En effet, nous pouvons identifier nos clients internes comme toute personne ou service ayant besoin de nos prestations ou de nos produits pour continuer à fonctionner. Cette relation de dépendance les place naturellement sous notre protection.
D'autre part, nous sommes aussi dépendants de leurs demandes à notre encontre, en ce sens qu'ils justifient notre activité et donc notre existence dans l'organisation. Nous voyons des métiers disparaître dans les entreprises parce que la prestation fournie par ces activités n'est plus nécessaire. L'exemple des « perfos » dans le domaine du tertiaire est là pour nous rappeler qu'une activité ne doit sa continuité qu'à l'utilité de ses prestations dans les autres services de l'entreprise.

C'est pourquoi la qualité de la relation avec nos clients externes, mais aussi internes, est primordiale pour l'équipe. Primordiale à trois niveaux :
– l'activité de l'équipe dépend d'eux ;
– les évolutions et les innovations émanent en tout premier lieu de nos clients, dès lors qu'ils expriment de nouveaux besoins… ;

– la satisfaction de l'équipe passe immanquablement par la satisfaction perçue chez le client, « on ne se défonce pas pour son patron mais on se défonce pour un client » comme se plaisait à dire un participant à l'un de nos stages.

Nous venons d'enfoncer une porte ouverte, nous le savons, mais cette porte est celle de la réussite et il nous semble capital de s'assurer qu'elle est en permanence accessible et dégagée pour vous et votre équipe.

La première chose à faire consiste à identifier puis à hiérarchiser par ordre d'importance nos clients actuels et potentiels. Pour les clients externes, les entreprises disposent d'un service marketing. Pour nos clients internes, il nous faudrait fonctionner à l'image d'un mini-service marketing, en cherchant à identifier l'ensemble des personnes ou des services qui dépendent, de près ou de loin, de la production de notre équipe.

Cette démarche, le manager peut la faire seul dans son coin, mais il peut aussi en profiter pour créer une animation de son équipe. Cela aura pour conséquence de renforcer la sensibilisation de ses collaborateurs à l'importance du client.

Une petite anecdote pour illustrer notre propos : il y a quelques années, je suis intervenu en tant que conseil pour une entreprise verrière en Belgique. Cette industrie fabrique tout l'équipement verre pour l'automobile : pare-brise, lunettes arrière et vitres latérales. Après maints enseignements sur la qualité totale, l'entreprise recevait des plaintes pour non-qualité de la part d'un de ses clients, constructeur automobile. En effet, certains pare-brise, emballés dans des conteneurs, se trouvaient placés à l'envers, ce qui avait pour conséquence de gêner considérablement l'opérateur qui devait monter ces pare-brise sur les véhicules passant sur la chaîne de montage. Une action de sensibilisation fut menée par les cadres de cette entreprise verrière auprès des emballeurs, mais les incidents, même moins fréquents, persistèrent. En désespoir de cause, la direction de l'entreprise décida que les emballeurs passeraient tous une journée avec les opérateurs de montage des pare-brise pour se rendre compte de l'effet de cette non-qualité sur le travail des monteurs. L'effet fut immédiat. Ce type d'incidents disparut complètement. Les emballeurs ont été valorisés par la démarche, et surtout connaissaient personnellement leurs clients monteurs de l'usine automobile. La simple connaissance du client et de ses contraintes les a beaucoup plus motivés que tous les discours sur la qualité.

L'idée d'associer l'équipe à cette démarche nous paraît déterminante. C'est pourquoi nous vous proposons de suivre les étapes décrites ci-dessous.

- La première étape consiste à identifier et à hiérarchiser les clients. Chaque membre de votre équipe est en relation avec un ou plusieurs clients dans l'entreprise. Il est donc intéressant que chaque collaborateur liste ses clients et qu'il clarifie les prestations qu'il lui fournit. Le tableau suivant peut vous servir de modèle pour établir votre relevé des prestations fournies aux clients.

Relevé personnel de prestations aux clients internes				
Clients	Description des prestations	Interlocuteurs	Temps passé	Observation

Chaque collaborateur, en renseignant ce tableau sur une période significative, se rend mieux compte des interactions qu'il entretient avec ses clients internes. De plus, cela vous permet, en synthèse de l'ensemble des tableaux, de construire la carte des relations de votre équipe et de vous-même avec les différents interlocuteurs dans l'entreprise.

Une fois vos clients identifiés, il faut les hiérarchiser. En effet, chaque client ne représente pas le même poids dans l'activité de votre équipe de par le volume d'activité qu'il génère et les différents degrés d'urgence qu'il vous demande. Il y a bien sûr votre client naturel qui se situe directement en aval du processus de production du produit ou du service que vous fabriquez, mais aussi l'ensemble des autres clients, moins importants peut-être, mais tout aussi utiles pour le fonctionnement de l'entreprise.

- La deuxième étape porte sur l'analyse des attentes des clients. Un client se définit toujours par une série d'attentes. C'est en relation avec la satisfaction de ses attentes qu'il jugera la qualité de votre prestation et, par rebondissement, la qualité de votre équipe. S'inquiéter de la satisfaction de ses clients revient à s'inquiéter de l'image de son équipe au sein de l'entreprise, et nous savons quel peut être l'impact direct de cette perception sur la motivation de nos collaborateurs. La définition des attentes de vos clients passe par la clarification des demandes qu'ils expriment. Nous savons que demande et attente ne coïncident pas forcément. L'attente d'un client doit correspondre à une définition claire de la quantité et de la qualité du produit et ou du service, et bien sûr à un délai. En matière de qualité, on parle aussi de qualité de service en général, construite en grande partie autour de la relation entretenue avec le client.

- Pour dégager une vision plus nette de ce qu'attend véritablement votre client, nous vous engageons à lui poser la question sous forme d'une enquête. Cette enquête de satisfaction effectuée par envoi ou entretien vous permet, lors de son dépouillement, de mieux saisir avec votre équipe les satisfactions et les insatisfactions de vos clients. Le tableau proposé ci-dessous peut vous servir de modèle pour votre enquête de satisfaction des clients internes.

Fournisseur :	**Prestation analysée :**					
Rubriques	**Critères ***	**Très satisfait**	**Satisfait**	**Peu satisfait**	**Pas du tout satisfait**	**Commentaires**
• L'anticipation des besoins du client • La clarification des besoins et du cahier des charges • La compréhension des besoins • La reformulation des accords sur la définition des besoins avant l'exécution • La définition d'un interlocuteur privilégié dans le service fournisseur • La transparence de l'organisation du fournisseur (qui fait quoi et comment) • La rapidité de réalisation • La disponibilité des interlocuteurs assurant la prestation • L'information sur l'avancement des travaux • La qualité de la relation (accueil, fluidité, absence de stress) • Le respect des délais • La conformité au cahier des charges • La facilité d'utilisation du service ou du produit • La fiabilité et la rigueur des informations (précision, faits, chiffres et dates) • L'accessibilité des données • La présentation • Le coût de la prestation • La flexibilité dans l'adaptation du produit ou du service • Le service après-vente • Les propositions de nouvelles prestations (innovation, amélioration de l'offre) • Autres critères :						
* 3 : très important ; 2 : important ; 1 : moyennement important ; 0 : peu important						

■ Ces retours de vos clients feront l'objet d'une synthèse qui peut être commentée et travaillée avec votre équipe. Le côté participatif de cette démarche peut générer au sein de l'équipe une forte sensibilisation et une émulation pour rechercher en commun les améliorations à mettre en place pour une plus grande satisfaction des clients internes. Rappelons que toute entreprise ou organisation centrée sur le client est plus motivante.

D'autre part, la synthèse obtenue constituera un tableau de bord adapté à la fois à vos clients et à vos équipes. Mais à ce stade de votre lecture, nous vous proposons d'élaborer un premier diagnostic rapide de vos relations « client/fournisseur ».

Vous pourrez ainsi vous faire une première idée des acquis, des points à surveiller et des points à améliorer sur ce premier grand axe de l'horizon de votre mission à partir du tableau suivant.

Axe 1 : Autodiagnostic de la relation « client/fournisseur »		
Les points de contrôle	**Vos commentaires**	**Les actions d'amélioration**
Mes « clients internes » (approche globale) : • Qui sont-ils ? – Listez vos clients. – Hiérarchisez-les par ordre d'importance. – Hiérarchisez-les par ordre de priorité • Qu'attendent-ils ? – Quelle est la quantité à fournir ? – À quelle périodicité ? – Quelle est la qualité négociée ? – Quel est le coût négocié ? – Quels sont les délais négociés ? • Quels sont leurs critères de satisfaction (cf. liste des critères) ? • Comment sont définies leurs attentes ? • Comment connaître leurs satisfactions ? – Positives – Négatives • Quels sont les points de communication avec mes « clients » ? • Quelles sont les évolutions des attentes à moyen terme ?		

L'axe 2 : le produit ou le service

■ Cet axe contient l'ensemble des techniques, des méthodes et des expertises, du matériel et de l'organisation mis en place pour produire le service ou le produit. Il constitue la finalité de l'équipe en terme de production.

Nous ne développerons pas l'aspect purement technique de la fabrication, ce n'est pas le propos ici. De plus, la technique et l'expertise, accompagnées de leur système de gestion, constituent bien entendu le premier point sur lequel l'entreprise travaille. En revanche, il nous paraît intéressant d'observer les différents points ayant une incidence plus ou moins directe sur la motivation de l'équipe.

Tout d'abord, nous savons que tout produit ou service trouve un et même plusieurs concurrents sur le marché. L'être humain aime se comparer aux autres, et une équipe apprécie le fait d'avoir des informations sur les produits concurrents et leur technicité, quel que soit le niveau où elle se trouve.

La connaissance de l'ensemble du processus conduisant au produit ou au service fini permet à chaque personne de visualiser et donc de comprendre l'impact de sa contribution personnelle, quelle que soit sa place dans la ligne de fabrication. Le contrôle de qualité est essentiel à tous les stades de réalisation d'un service ou d'un produit, chaque collaborateur doit pouvoir effectuer lui-même cette vérification.

Au fil du temps, l'équipe prend des habitudes d'organisation. Ces habitudes se reconduisent, un peu par automatisme, quelles que soient la nature et la spécificité de la production à fournir. Amener l'équipe à reconsidérer régulièrement sa manière de fonctionner lui permet de s'adapter avec une plus grande souplesse et donc une efficacité accrue aux variations de production. L'indice de productivité, à partir du ratio qualité/quantité, coût, délais, permet à l'équipe de situer ses performances dans le temps et à chaque collaborateur de mesurer sa part de contribution à la réalisation globale de l'équipe.

Les attentes des clients et l'écoute de leurs futurs besoins renseignent le manager sur les innovations techniques et les changements d'organisation à mettre en place avec l'équipe. L'anticipation génère une dynamique de progrès dans l'équipe.

Le tableau suivant vous permettra d'établir un rapide diagnostic de cet axe dans votre équipe.

Axe 2 : Autodiagnostic de la technique et de l'organisation		
Les points de contrôle	**Vos commentaires**	**Les actions d'amélioration**
• Quelle analyse peut-on faire par rapport aux concurrents ? • Le produit ou le service dispose-t-il d'une fiche process ? • Les points d'autocontrôle ont-ils été fixés à chaque étape ? • L'organisation de la production est-elle optimum ? – Une analyse des flux a-t-elle permis de discerner les étapes ? – A-t-on réduit les « temps morts » entre chaque étape ? – Chaque activité par étape est-elle répertoriée ? – La polyvalence de l'équipe permet-elle en permanence la production prioritaire ? (indice de réactivité) • Le ratio qualité/coût/délais fait-il l'objet d'une analyse ? – À quelle fréquence ? – Par qui ? – Pour quelle exploitation ? • Quelles sont les innovations souhaitables à moyen terme ? – À quel prix ? – Pour quels gains ?		

L'axe 3 : l'équipe

■ L'axe 3 représente le sujet même de ce livre, les point évoqués dans cette partie trouveront un développement tout au long des chapitres suivants. Nous vous proposons néanmoins une première réflexion sur la notion d'équipe et les outils nécessaires pour assurer son fonctionnement. L'autodiagnostic vous permettra de faire un point sur les outils déjà à votre disposition ainsi que ceux qui vous manquent actuellement afin de dégager vos premières pistes d'action.

Le manager ne fait pas tout tout seul, il fait faire ! Cette lapalissade couramment entendue dans l'entreprise a le mérite de nous rappeler que l'équipe se situe au centre de l'action et qu'elle justifie en tout premier lieu notre réflexion.

Mais, tout d'abord, comment peut-on définir une équipe ? Le dictionnaire nous apprend qu'une équipe est un « groupe de personnes réunies dans une tâche commune ». D'autre part, ce même dictionnaire nous dit qu'un groupe est constitué d'un « ensemble de personnes ayant quelque chose en commun ». L'équipe serait donc un ensemble de personnes ayant quelque chose en commun et qui sont réunies pour une tâche commune. Le fait d'appartenir à la même entreprise, au même service, au même corps de métier représente autant de points communs qui réunissent les gens ; c'est ce que nous appellerons plus tard l'appartenance. Mais la notion d'équipe suppose quelque chose de plus qu'un simple partage d'appartenance. Elle nous renvoie à la tâche commune de tous les membres de cette équipe. L'équipe se constitue, se construit et se consolide autour de la tâche, de l'objectif, de la réalisation commune. L'équipe ne prend vie qu'à partir du résultat généré par la contribution de chacun de ses membres. Sur ce plan, le rôle du manager va être double : d'une part, il a la charge de maintenir et de développer la qualité des contributions individuelles de chaque collaborateur ; d'autre part, il se doit d'orienter ces contributions vers la création d'un résultat commun. Ainsi, le manager puise son statut dans la double responsabilité à la fois des hommes qui composent son équipe et des résultats qu'elle génère.

Pour assurer cette double responsabilité, le manager doit s'équiper de solides outils lui offrant la possibilité de maintenir et d'accroître les différents niveaux de motivation et de compétence de son équipe. Le diagnostic des pages suivantes permettra de vous faire une idée plus précise des pratiques et des outils à votre disposition.

Axe 3 : Autodiagnostic des pratiques et des outils liés à l'équipe		
Les points de contrôle	**Vos commentaires**	**Les actions d'amélioration**
• Chaque collaborateur dispose-t-il d'une description de fonction ? • Cette description est-elle enrichie ou modifiée chaque année ? • Possédez-vous le cursus en matière de formation de vos collaborateurs ? • Avez-vous une vision claire de la cohérence du niveau de rémunération de chaque collaborateur ? • Faites-vous une analyse du niveau de compétence et de performance de vos collaborateurs en relation avec les exigences du poste ? • Définissez-vous clairement les degrés d'autonomie de vos collaborateurs ? • Clarifiez-vous les projets de délégation à court terme ? • Définissez-vous les besoins de votre équipe en matière d'information ? • Connaissez-vous les motivations et les valeurs de chacun de vos collaborateurs ? • Réalisez-vous régulièrement la courbe de motivation de l'équipe ? • Avez-vous mis en place un organigramme fonctionnel de l'équipe ? • Avez-vous une analyse relationnelle de cet organigramme (sympathies, antipathies, rivalités…) ? • Avez-vous une analyse des caractères et des dominantes psychologiques de vos collaborateurs dans cet organigramme ? • Avez-vous défini avec chaque collaborateur un projet professionnel à 2 ou 3 ans ? • Avez-vous négocié les formations en relation avec ce projet ? • Connaissez-vous la charge de travail de vos collaborateurs ?		

L'axe 4 : la gestion

■ Nous abordons ici la question des tableaux de bord. Les outils de gestion s'affinent constamment au sein des entreprises : contrôle de gestion, reporting, prévisions en tout genre fleurissent sur les écrans des managers. Ces systèmes de gestion sont bien sûr essentiels pour l'entreprise mais les données apparaissant sur les multiples tableaux émis ne coïncident pas toujours avec les préoccupations de gestion du manager en relation avec son équipe.

La nécessité de gérer pour un manager relève d'au moins quatre préoccupations constantes :
– le temps, ressource limitée et donc précieuse ;
– la production en terme de résultats quantitatifs et qualitatifs ;
– les objectifs de l'équipe et des collaborateurs ;
– les moyens mis à disposition de l'équipe.

Maîtriser au moins ces quatre paramètres devient essentiel pour tout responsable. Mais maîtriser, c'est avant tout mesurer. C'est pourquoi la mise en place d'outils de mesure pertinents, ainsi que l'élaboration de plannings de suivi d'activité, s'avéreront tout aussi utiles pour contrôler, surveiller les évolutions, mesurer les écarts, anticiper les évolutions, et bien sûr informer et animer l'équipe.

Le premier tableau de bord essentiel pour le manager se révèle être le sien. Quoi de plus normal que de gérer au mieux son activité dès lors où sa mission se compose d'une infinité de tâches aussi diverses que variées. Nous vous proposons ci-dessous un modèle d'analyse de votre activité qui vous permettra de faire apparaître les points clés de votre mission, les activités en conséquence et surtout les pourcentages de temps que vous affectez à chacune d'entre elles. Suivra une grille d'analyse vous permettant de prendre du recul, et de reconsidérer si besoin est la hiérarchie de vos priorités.

Le point sur mon activité		
Les axes de ma mission	Mes activités	Le temps passé en %

Le tableau précédent peut se réaliser à partir d'un relevé journalier de votre temps durant une période significative. Le point sur votre activité étant terminé, vous pouvez passer à son analyse à partir du modèle suivant.

L'analyse de mon activité					
C'est l'une de mes priorités	Je ne peux pas la déléguer	Je suis compétent	J'aime m'y consacrer	Ça me prend un temps raisonnable	**Mes décisions d'action**

Les tableaux de bord de l'activité de votre équipe sont, bien sûr, à construire en fonction des métiers de chacun de vos collaborateurs, mais il est toujours précieux d'avoir sur ce point des outils communs avec vos responsables d'équipe.

La visualisation commune des indicateurs majeurs des résultats de l'équipe et de son organisation (qui fait quoi, pour quand) peut se faire sous la forme de grands plannings muraux (les murs sont sous-exploités dans les entreprises), qui ont l'avantage d'être en permanence vus de tous. Ces panneaux, placés de préférence dans un lieu de passage, bien visibles, apportent ainsi une transparence d'information dans l'avancée des missions et des travaux du groupe. Ces plannings constituent un support d'analyse et de commentaires en équipe à partir desquels, régulièrement, vous pouvez animer une réflexion et des échanges avec vos collaborateurs sur les actions correctives à envisager pour l'avenir.

L'autodiagnostic qui suit doit vous permettre de concrétiser vos réflexions sur les outils déjà en place, sur ceux à travailler personnellement ou avec votre équipe, et sur le mode d'échange et d'animation réalisé à partir des tableaux de bord et des plannings.

Axe 4 : Autodiagnostic de vos outils de gestion		
Les points de contrôle	**Vos commentaires**	**Les actions d'amélioration**
Les tableaux de bord : • Possédez-vous des tableaux de bord de votre activité ? – Lesquels ? – Sont-ils, de votre point de vue, suffisants ? • Possédez-vous des tableaux de bord de l'activité de votre équipe ? – Lesquels ? – Sont-ils, de votre point de vue, suffisants ? Les plannings : • Vos plannings sont-ils régulièrement tenus à jour ? • Chacun dans l'équipe a-t-il accès aux plannings ? L'utilisation des tableaux de bord et des plannings : • Commentez-vous régulièrement les tableaux de bord et les plannings avec votre équipe ? • Les plannings et les tableaux de bord sont-ils pour vous un outil d'animation d'équipe ? • Chaque collaborateur connaît-il les plannings du reste de l'équipe ?		

Conclusion

■ « L'horizon du manager » constitue un premier baromètre des fonctions essentielles dans la responsabilité d'une équipe. L'animation de l'équipe à l'état pur ne représente qu'un axe de la mission globale du manager. C'est en menant de front ces quatre axes que le responsable assumera efficacement sa mission.

De plus, sa fonction de pilote l'amène à surveiller régulièrement ses instruments de bord pour contrôler les écarts et les dérives de cap.

En matière de navigation, nous savons qu'un écart de quelques degrés rapidement détecté se corrige par un léger mouvement de barre. Perçu quelques heures plus tard, cet infime écart au départ, demandera des efforts considérables et une perte de temps non négligeable pour se remettre sur la bonne route. Il en est de même du management d'une équipe.

Les check-lists présentées ici ne sont, bien entendu, pas exhaustives ; chaque manager peut les compléter et les peaufiner à sa manière.

Les outils contenus dans chaque axe ont une incidence directe sur le fonctionnement et la motivation de l'équipe. Ils doivent de ce fait, servir de base à la réflexion et à l'animation des collaborateurs.

• Le client : l'image de marque d'une équipe auprès des autres services renforce la fierté d'appartenance à l'équipe. L'enquête de satisfaction permet à l'équipe de mieux se positionner vis-à-vis de son entourage.

• Le produit ou le service : la réflexion sur la compétitivité du produit ou du service fabriqué par l'équipe apporte à chaque collaborateur une fierté professionnelle ainsi qu'une émulation sur la recherche d'autres formes d'organisation plus performantes.

• Les compétences et la motivation dans l'équipe représentent le sujet même de ce livre. Les outils directement liés à cet axe 3 seront développés dans les chapitres suivants.

• Les tableaux de bord du manager sont aussi prétexte à une information et à une réflexion de l'équipe sur son fonctionnement et sur les améliorations à apporter.

L'ensemble des quatre axes constitue l'architecture de base à partir de laquelle le responsable d'équipe construit son système de management. Chaque axe devient ainsi porteur d'une opportunité de motivation pour l'équipe. La « motivation », ce terme clé du management, fait précisément l'objet du chapitre suivant.

2. La motivation

D'après une récente enquête, 97 % des chefs d'entreprise mettent la motivation au premier rang de leurs préoccupations. Dans une même proportion, les responsables participant à nos séminaires attendent des méthodes, des techniques, voire des recettes, pour motiver leur équipe.

Aujourd'hui, la motivation est perçue par l'ensemble des managers, quel que soit leur niveau, comme une dimension incontournable de la réussite des équipes et, par voie de conséquence, des entreprises.

Mais à trop être utilisé, le mot perd de son sens. Il fonctionne comme un fourre-tout, un sac trop large où nous jetons en vrac les comportements, les stratégies d'entreprise, le moral des troupes, nos jugements de valeur et bien d'autres choses encore. C'est un véritable paradoxe de voir un terme si important devenir impropre à toute réflexion et surtout à l'action, parce qu'il nous sert trop à n'importe quoi. « Il faudrait les motiver un peu », voilà très souvent le type de remarque entendue dans l'entreprise.

Le sujet est pourtant suffisamment sérieux. Aujourd'hui, nous savons tous que pour une entreprise, à mêmes produits et à marché égal, la motivation des salariés pèse d'un poids décisif dans la balance de la compétitivité.

L'enjeu est à la fois de taille et de détails. De taille, car dans le climat de haute compétition auquel chaque entreprise se trouve confrontée, un gain de quelques points sur la qualité ou la baisse sensible du prix de revient d'un produit peut ouvrir des marchés salutaires pour l'entreprise. De même que la capacité de chaque salarié à conduire le changement dans sa sphère de compétence contribue à maintenir une dynamique d'évolution vitale pour l'entreprise. De détails, car la motivation, ou la démotivation, s'exprime dans les petits gestes du quotidien de chaque collaborateur. Il s'agit de l'opérateur machine qui surveille très régulièrement les mesures des pièces produites et affine les réglages de sa machine, contribuant ainsi à faire chuter le taux de rebuts. C'est la secrétaire rappelant un client pour vérifier s'il a reçu un courrier dans les délais, rattrapant par son initiative un mécontentement. C'est aussi le cadre qui prend le temps de surveiller le degré de stress de son équipe, évitant de ce fait un congé maladie de la part d'un collaborateur surmené.

La démotivation a un coût, la motivation a un prix. Même si nous ne pouvons chiffrer par une mesure exacte ce coût, il nous suffit de faire fonctionner notre bon sens et de regarder quotidiennement autour de nous pour nous apercevoir que ces mille et un petits détails sont autant de poids qui alourdissent le navire et le freinent dans sa course vers la réussite. À titre indicatif, la médecine du travail aux États-Unis estime à 3 % de la masse salariale des entreprises le coût des maladies et des absences directement liées au stress.

Le prix de la motivation tient tout entier dans la qualité du management, dans l'ouverture d'esprit et la rigueur des pratiques concrètes de ceux qui ont la charge de « faire du résultat avec des hommes », autrement dit de « manager ». C'est un investissement à long terme qui se construit bien plus à partir de faits et gestes au quotidien que par de pompeuses et éphémères professions de foi.

C'est pourquoi ce terme clé du management mérite une analyse détaillée. Notre analyse passera par six grandes étapes :
– L'exploration du terme même de « motivation » pour ensuite dégager ce qu'est une motivation. Nous clarifierons ainsi les principes clés de la motivation.
– Le parcours rapide d'un siècle d'histoire des théories de la motivation dans le monde du travail avec leurs différentes applications, pour en arriver aux outils actuels et futurs pour les entreprises.
– La redéfinition de l'échelle des motivations dans le travail, en analysant son mécanisme et le contenu de chaque barreau.
– Le point de vue de centaines de managers pour savoir, selon eux, à quoi ressemble un collaborateur motivé ou plus précisément ce qu'ils attendent de leurs collaborateurs.
– Les attentes des équipes vis-à-vis de leur manager ainsi que celles des managers vis-à-vis de leur supérieur hiérarchique, pour en clarifier à la fois le contenu et les priorités.
– L'analyse de ses propres valeurs, en tant que manager, ainsi que les valeurs de son équipe et de son hiérarchique.

Nous saurons alors quel est le prix de la motivation des collaborateurs dans l'entreprise.

L'analyse du terme « motivation »

■ Les mots sont un peu comme les hommes, il faut savoir rechercher dans leur passé l'explication de leur sens présent. C'est pourquoi la bonne vieille méthode du recours au dictionnaire trouve ici toute son utilité. « Motivation » : 1. 1845, philosophique : relation d'un acte aux motifs qui l'expliquent où le justifient. 2. économique : ensemble de facteurs qui déterminent le comportement de l'agent économique : « la motivation du consommateur » (Le Petit Robert).

La motivation du salarié dans une entreprise n'est pas explicitement prise en compte dans ces deux définitions. Il faudra donc la fabriquer par nous-mêmes.

Nous avons dans la première définition la « relation d'un acte aux motifs ». L'acte, c'est le faire, et le motif (de *motivus*), le mobile. La définition devient alors : « la relation entre l'action et le mobile ». Dans la deuxième définition, c'est « un ensemble de facteurs ». « Facteur » est à comprendre comme « *factor* » : celui qui fait. Autrement dit, la définition de la motivation peut se résumer ainsi : « ce qui fait agir un individu pour un mobile ».

C'est un peu compliqué, et nous n'en savons pas vraiment plus. Allons plus loin. Nous savons que la motivation est ce qui fait agir ou ce qui fait bouger un individu. En règle générale, nous bougeons ou agissons pour obtenir quelque chose que nous n'avons pas. Cette perception du manque est en fait un besoin ou un désir. Le besoin suscite en nous une tension en vue d'une satisfaction. La motivation devient donc une tension (au sens énergétique du terme) qui relie la perception du manque à l'acte qui vise à le satisfaire.

Il y a un autre terme important : l'objet par lequel nous satisfaisons un besoin.

Nous pouvons dégager quatre temps, et quatre termes importants dans ce que l'on appelle motivation :
– le besoin ;
– la tension (plus ou moins forte suivant l'intensité du besoin) ;
– l'objet ou le but ;

– la satisfaction du besoin
Un exemple très simple :
– J'ai faim. Je perçois donc un manque, un besoin de manger ;
– Je vais chercher de la nourriture (la motivation) ;
– J'aperçois une pomme (l'objet) ...
– Je la mange (satisfaction du besoin).
La motivation se résume en une recherche d'un individu pour satisfaire un besoin au travers d'un objet ou d'un but.

Il nous reste maintenant à définir les besoins. On peut identifier utilement trois niveaux de besoin.

- **Niveau 1 : besoin d'existence au sens physique**
  – besoins physiologiques dont la satisfaction nous permet de vivre biologiquement ;
  – besoin de sécurité qui nous pousse à nous protéger.

- **Niveau 2 : besoin de relation avec autrui**
  – besoin de relations et de contacts qui nous amène à exister aux yeux des autres ;
  – besoin d'appartenir à un groupe qui nous permet d'avoir un identité sociale.

- **Niveau 3 : besoin d'accomplissement personnel**
  – besoin de progression personnelle qui nous pousse à un dépassement de nous-mêmes... ;
  – besoin de réalisation de soi qui nous procure un développement personnel.

Ces trois niveaux de besoins sont différemment dosés selon les personnes, leur âge, leur condition sociale, leur personnalité et leur éducation.

La première conclusion est un peu décevante pour un manager avide de recettes bien ficelées. En effet, quand on explique la motivation, on n'explique pas pour autant ce qui motive, on ne cerne pas pour autant l'objet qui déclenche et cristallise la motivation.

La motivation est une recherche, un arc d'énergie entre un besoin et un objet ou un but qui pourrait satisfaire ce besoin. Cela voudrait dire que l'être humain met de l'énergie pour satisfaire toute une série de besoins en relation avec des objets, et se trouve de ce fait constamment motivé. La motivation serait au centre de l'individu même. Cette tension permanente qui nous anime fait partie intégrante de notre fonctionnement. Chaque individu est motivé en soi !

Mais alors le terme « motiver quelqu'un » perd son sens. Si les gens sont fondamentalement motivés, pourquoi parler de motivation, pourquoi cette préoccupation insistante autour de ce terme ?

Pour comprendre et dépasser cet illogisme apparent, il nous faut revenir à notre mécanique en quatre temps de la motivation. Nous savons que nos actions peuvent se décomposer en quatre grandes étapes :
– la perception du besoin ;
– la recherche de la satisfaction ;
– la perception du but ou de l'objet ;
– la satisfaction due à l'atteinte du but ou à la possession de l'objet.

Un individu est motivé en soi, mais il développe son énergie quand il perçoit la relation entre son besoin et le but qui satisfera ce besoin. Autrement dit, c'est dans la perception de la possibilité de satisfaire un besoin que nous développons une énergie : cette énergie nous l'appelons motivation.

Dès lors que l'objet ne tient pas ses promesses, c'est-à-dire qu'il ne satisfait pas complètement le besoin, ou pire qu'il ne se trouve pas au rendez-vous de l'effort fourni, voilà l'individu frustré. La frustration naît de ce double manque : du besoin persistant et de la déception. Nous connaissons tous ce sentiment et savons qu'il n'est guère supportable, c'est pourquoi nous nous arrangeons pour trouver rapidement des compensations.

L'action du manager ne consiste pas à « motiver », au sens propre du terme, mais plutôt à tenir compte des besoins de ses collaborateurs, et à mettre en relation ces besoins avec les buts et les objets permettant de les satisfaire.

Nous pouvons d'ores et déjà tirer quelques conclusions utiles des réflexions qui précèdent.

- **Les collaborateurs sont spontanément motivés**
  Ils ressentent l'ensemble des besoins fondamentaux et cherchent à les satisfaire. Quand, dans leur environnement, ils ne trouvent pas l'objet de leur satisfaction normalement attendue, ils ressentent une frustration. Ils se mettent alors en quête de cette satisfaction hors de l'équipe ou même de l'entreprise. Ce désinvestissement est alors qualifié de « démotivation ».

- **Il n'y a pas de gens motivés en soi, il n'y a que des gens motivés pour quelque chose**
  La motivation n'est pas un état général de l'individu. Je suis motivé pour faire telle ou telle chose si j'ai perçu en quoi le fait de faire cette chose peut satisfaire un de mes besoins. C'est un sentiment très personnel, lié à la perception de chaque individu dans un contexte donné.

- **La motivation est individuelle**
  Ce qui fait sens pour l'un de vos collaborateurs ne le fera pas pour l'autre. Autrement dit, chaque personne ne va pas chercher à satisfaire les mêmes besoins par des actions ou des objets identiques. Ce qui me motive ne motivera pas nécessairement mon collaborateur. La relation « tu dois être celui que je veux que tu sois » aboutit très vite à une catastrophe.

- **La motivation ne se décrète pas**
  « Il faut être motivé ! » Voilà une injonction totalement inopérante parce que d'une part, nous nous motivons toujours pour quelque chose et, d'autre part, elle contient un danger : la double contrainte. Si, après cette injonction de mon patron, je ne suis pas motivé, je suis coupable. Si je suis motivé, j'obéis purement et simplement aux souhaits de mon patron, ce qui n'est pas une marque de motivation mais de soumission. La motivation est une ressource intérieure qui ne se commande pas de l'extérieur.

Parler de motivation, c'est avant tout parler de complexité. La motivation est bien plus la conséquence d'un management centré sur la perception des collaborateurs que le résultat de discours prétendument motivants. Nous verrons que l'objectif est moins de motiver que d'éviter de démotiver. L'histoire des théories sur la motivation des hommes au travail résume assez bien cette montée progressive de la complexité dans la prise en compte de la motivation comme facteur essentiel de la dynamique des entreprises.

Un siècle d'histoire de la « motivation »

■ Il s'agit pour nous de retracer très brièvement les grandes étapes des idées et systèmes mis en place dans les entreprises depuis la fin du siècle précédent. Cette rétrospective nous montre que le langage tenu sur la motivation ainsi que les organisations adoptées aujourd'hui sont le résultat d'une évolution de recherche et de pensée. Le discours est récent, un siècle représente très peu par rapport à l'histoire de l'activité humaine.
De plus, le discours actuel n'est pas clos. En effet, nous pouvons le considérer comme une étape de plus dans la recherche et la compréhension de l'homme au travail. Ce discours est donc destiné à être dépassé, affiné, amélioré en raison d'une compréhension plus fine des mécanismes de la motivation, ainsi que d'une évolution globale des représentations du monde, des valeurs et des formes futures d'organisation du travail.

À la lecture des différentes littératures sur le sujet, nous distinguons neuf grandes étapes clés.

Le XIXe siècle

■ Les conceptions de Taylor sur « l'organisation scientifique du travail ».
• L'ouvrier reçoit un salaire (seul moteur) proportionnel à son rendement.
• Le travail tourne autour de l'outillage : hyperspécialisation de la tâche, suppression des gestes inutiles (travail à la chaîne).
• La hiérarchie est verticale et pense pour les ouvriers (responsabilité centralisée, contrôle strict).

1930

■ L'expérimentation de Hawthorne à la Western Electric qui mit en « lumière » la dimension humaine dans la productivité des ateliers de câblage.
• Le facteur humain, comme intégration à un groupe social avec son entraide interne, est déterminant.
• Des groupes informels, avec leurs codes et leurs valeurs se développent en parallèle à l'organisation officielle.
• L'entreprise est un système social qui doit tenir compte de l'ensemble des relations qu'entretiennent les différents groupes informels entre eux.

1950

■ La prise en compte et la hiérarchisation des besoins fondamentaux des individus dans leur travail par Maslow et sa fameuse pyramide.

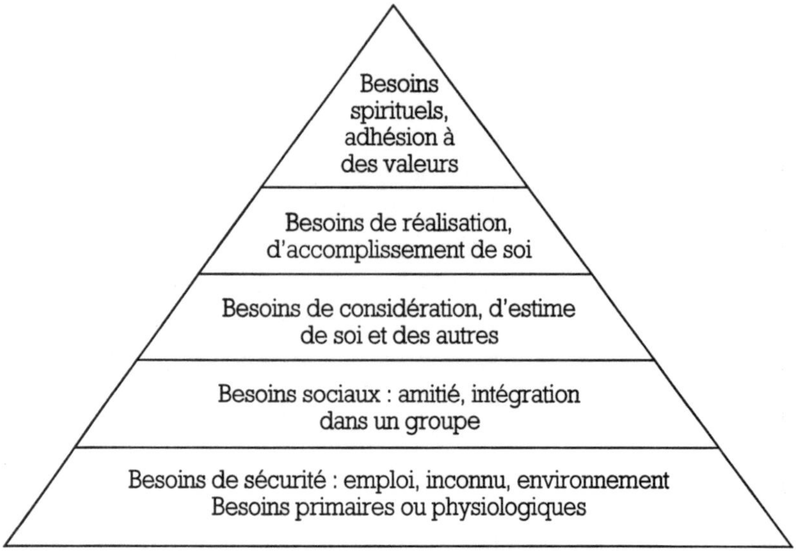

1960

■ La différenciation des facteurs non dynamisants et des facteurs susceptibles de déclencher des actes de motivation selon Fred Herzberg.
• Herzberg reprend la pyramide de Maslow en distinguant les facteurs associés à l'insatisfaction et les facteurs associés à la satisfaction, donc plus dynamiques :

- Réalisation de ses capacités
- Reconnaissance des capacités
- Nature du travail
- Responsabilités
- Avancement
- Salaire

→ Facteurs de motivation

- Relations entre collègues
- Conditions de travail
- Relations avec les supérieurs
- Surveillance
- Politique du personnel

→ Facteurs d'ambiance

• Nous développerons dans les pages suivantes une réflexion très largement inspirée du modèle d'Herzberg.

■ La mise en évidence de l'opposition de la théorie X et de la théorie Y montrant les impacts et les conséquences des croyances et du style des managers dans l'entreprise sur la motivation du personnel par MacGregor.

• **La théorie X**

Les croyances	L'entreprise
– Les hommes sont contraints de travailler, ils n'aiment pas le travail. – Ils évitent les responsabilités, n'ont pas d'ambition et cherchent d'abord à préserver leur sécurité. – Ils n'aiment pas changer. – Ils ont besoin de directives strictes car ils ne prennent pas d'initiatives personnelles. – Ils ont besoin d'être contrôlés et punis : le système de contrôle et de sanction négative permet d'obtenir d'eux l'effort nécessaire pour l'atteinte des objectifs de l'entreprise.	– L'organisation doit être contraignante et punitive. – Elle doit mettre en place des règlements et des procédures détaillés. – Elle procède à la division des tâches. – Elle pratique un contrôle systématique. – Le management est autoritaire, ne laissant pas d'initiative. – La sélection est très rigide.

• **La théorie Y**

– L'effort physique comme intellectuel dans le travail est naturel, tout autant que les loisirs ou le repos. – Le personnel veut atteindre des objectifs et cherche à prendre des initiatives. – Il est capable d'autocontrôle. – Les gens sont capables d'imagination et de créativité pour résoudre les problèmes. – Les gens aiment les responsabilités. – Ils veulent des satisfactions d'estime et de réalisation personnelles.	Le management met en place : • le regroupement optimal des tâches ; • une responsabilité décentralisée ; • une ligne hiérarchique plus courte ; • une participation du personnel à la fixation des objectifs ; • un management fondé sur la confiance.

1965

■ La motivation de l'individu en trois composantes essentielles développée par Vroom :
- la confiance en soi ;
– ce que l'entreprise propose comme but ;
– la valeur accordée par l'individu aux buts.

• Le processus motivationnel qui se met en place dans l'entreprise repose sur l'interaction de trois axes :

– l'expectation : ce que chacun se sent et se croit capable de réaliser et ce qu'il attend comme résultat de son travail. Nous rejoignons ici l'autoprédiction en terme de perception de soi-même ;
– l'instrumentalité : quel est le système de rétribution clairement défini que l'entreprise met à ma disposition ? Autrement dit, que puis-je attendre comme gratification de mes performances ? Notons que l'idée de gratification n'est pas uniquement d'ordre matériel ;
– la valence : la valeur que j'accorde aux gratifications qui me sont proposées.

1970

■ La prise en compte de valeurs nouvelles dans l'industrie norvégienne, expérience appelée « démocratie industrielle » suivant la théorie de l'homme au travail de E. Thorsrud.
• Celui-ci définit sept nouvelles valeurs :
– le besoin de faire un travail intéressant avec un minimum de variété ;
– le besoin de connaître la nature du travail effectué et la manière dont il est effectué ;
– le besoin d'apprendre dans son travail et de bénéficier de formation pendant sa vie professionnelle ;
– le besoin d'avoir une certaine zone de décision et d'initiative dans son travail ;
– le besoin d'une structure sociale et d'une reconnaissance à l'intérieur de l'entreprise ;
– le besoin de situer son travail dans les objectifs de l'entreprise ;
– l'espoir d'un avenir qui peut se concrétiser par une promotion ou toute autre évolution.

Il faut citer en parallèle deux grands types d'approche à la fois différentes et complémentaires des théories précédentes qui élargissent le champ d'investigation sur la motivation à l'ensemble de l'organisation comme système où l'individu devient un acteur à part entière.

Depuis 1950

■ L'O. D. : le développement des organisations qui tient compte, dans une même approche, de l'individu avec ses particularités, de la technologie et de l'organisation sociale. Cette approche permet de coller aux exigences de mutations, tant au niveau des structures que des interactions entre les individus.

• L'approche socio-technique, développée dans les charbonnages britanniques, tend à englober, comme son nom l'indique, l'aspect sociologique avec les motivations individuelles et sociales de chaque personne et l'aspect technique en laissant les individus décider et gérer leurs propres répartitions des tâches en fonction des objectifs. Cette approche permet d'intervenir sur l'organisation elle-même, avec la participation du plus grand nombre de salariés.

Ces deux grands types d'approche doivent être approfondis dans leurs applications pour que l'on puisse décider de leur validité sur le terrain.

Chacun de ces modèles renferme bien évidemment une part de vérité ainsi que des éléments de réponse sur la motivation dans l'entreprise. Mais toute vérité recèle une part d'erreur très souvent liée à son application dans le concret. Le danger consiste à ériger chacun de ces modèles en vérités universelles au travers d'une application systématique, voire dogmatique, sur le terrain. Nous l'avons vu, la motivation est complexe, personnelle, changeante et subtile. Les grandes actions, actuelles et futures, mises en place au niveau des directions des ressources humaines des entreprises ne peuvent en aucun cas laisser croire aux managers qu'ils peuvent faire l'économie de la rigueur de leur investissement au quotidien. L'état actuel de la motivation laissée par la crise ainsi que les grands chantiers qui attendent les DRH dans les prochaines années apporteront peut-être une nouvelle étape à cette histoire.

La motivation dans les entreprises en 1995

Les salariés n'ont pas très bien vécu les dernières années de crise. ils ont assisté, dans l'ensemble, à un gel de leur rémunération, accompagné dans de très nombreux cas d'une baisse globale d'effectifs dans les équipes, due au non-remplacement des départs « naturels ». Chacun a le sentiment de travailler plus pour un salaire équivalent. Cette pression ressentie génère une impression de fuite en avant au détriment de la qualité du management.

La peur de perdre son emploi dans un contexte social très difficile, les différentes restructurations des entreprises, ainsi que les perspectives de rachat, créent un phénomène de repli sur soi et poussent bon nombre de salariés à adopter une position de retrait dans leur investissement dans l'entreprise. Nous assistons aussi au développement d'un regard critique entaché de crainte, voire de suspicion, à l'égard des grands changements proposés par les directions.

En résumé, certaines perspectives pessimistes, perçues dans l'entreprise et surtout colportées dans les médias, ternissent la confiance des salariés à l'égard de leur direction et en conséquence de leur manager direct.

Les actions possibles des entreprises

L'entreprise ne refera pas le monde, et le miracle ne passe pas seulement par la reprise de l'activité économique. Les directions des entreprises se trouvent actuellement confrontées à trois grands types de chantiers pour maintenir, voire redresser, le niveau de motivation de leurs salariés.

- L'aménagement d'une politique salariale plus adaptée : la mise en place d'une nouvelle équation entre la durée du temps de travail et la rémunération individualisée. La création ou le renforcement de l'intéressement qui module naturellement une partie de la rémunération des salariés suivant les périodes fastes ou non.
- Le maintien de « l'employabilité » des salariés : ce terme, un peu bizarre et non encore inscrit au répertoire des mots français, désigne la capacité qu'a chaque collaborateur de trouver plus ou moins vite un emploi équivalent dans son entreprise ou dans une autre. Comment chacun se maintient au niveau de formation et de performance qui lui garantit une valeur sur le marché de l'emploi interne comme externe ? Comment chaque entreprise développe des passages, des filières entre les emplois et entre les services pour favoriser la mobilité, permettant à un plus grand nombre de collaborateurs de s'intégrer dans le nécessaire changement permanent des organisations ?
- Un management de terrain plus professionnel et plus rigoureux : aucun système de motivation ne peut durablement fonctionner s'il n'est pas bâti sur un terrain solide et sain. Ce terrain se compose des salariés eux-mêmes et sa santé se surveille et se consolide à partir du management au quotidien, sur le terrain. La précision et la rigueur avec lesquelles chaque responsable s'occupe de son équipe devient même la condition *sine qua non* de toute politique générale de motivation. Ces deux niveaux de préoccupation se renforcent l'un l'autre en permanence.

L'échelle des motivations dans le travail fait justement partie de la panoplie d'outils nécessaires au manager d'équipe pour assurer cette surveillance et cet entretien permanent de la motivation de chacun de ses collaborateurs.

L'échelle des motivations

■ Une réflexion sur les principes et les systèmes liés à la motivation dans l'entreprise s'avère certes nécessaire, mais forcément insuffisante pour l'action. En effet, le responsable d'équipe a besoin d'outils simples et concrets pour analyser les motivations de ses collaborateurs et intervenir judicieusement au quotidien. L'outil que nous vous proposons fait la synthèse des différentes notions exposées précédemment tout en étant orienté vers l'action. Le modèle présenté ici s'inspire très largement, comme nous l'avons déjà souligné des travaux de Maslow, d'Herzberg et de Hugue.

Les motivations d'un individu dans le cadre du travail peuvent se représenter sous la forme d'une échelle à six barreaux. Rappelons brièvement les principes essentiels du fonctionnement d'une échelle :
– pour atteindre les derniers barreaux, il est fortement conseillé de commencer par les premiers : notre schéma se lira donc de bas en haut ;
– si malencontreusement on rate un barreau, on se retrouve très vite, avec plus ou moins de bonheur, soit au barreau directement en dessous, soit tout en bas.

Il y a donc une dynamique de l'échelle qui, par analogie, s'applique assez bien à la dynamique des différents stades de motivation d'un individu. Chaque barreau comme chaque stade doit être bien consolidé pour que l'individu envisage de passer au barreau ou au stade supérieur. Chaque barreau exige une vigilance et un renforcement permanent. En effet, nous l'avons vu, la satisfaction d'un besoin n'est jamais définitivement acquise, elle se retravaille chaque jour : imaginez un responsable qui décréterait ne dire bonjour à ses collaborateurs qu'une fois par an, en début d'année, ce bonjour là vaudrait pour les 219 autres jours de collaboration, économisant ainsi du temps et de l'énergie... Nous ne garantissons pas la satisfaction de ses collaborateurs en matière de reconnaissance.

Bien entendu, cette échelle peut varier d'un individu à l'autre suivant ses valeurs, l'intensité de ses besoins, et aussi son âge et sa position dans l'entreprise. C'est pourquoi le manager ne peut en aucun cas faire l'économie d'une analyse détaillée pour chacun de ses collaborateurs directs.

Nous vous présentons une formalisation de cette échelle des besoins dans l'entreprise suivi d'un exemple d'analyse. Vous trouverez ensuite un modèle qui vous servira à procéder à l'analyse de vos propres collaborateurs.

L'échelle des besoins dans l'entreprise

Besoins d'accomplissement : la perspective de satisfaction est dynamisante.

Besoins d'épanouissement, d'accomplissement et de réalisation personnels. Tout être humain aspire, après avoir satisfait les cinq premières attentes, à investir dans son travail une part de son imagination, de son enthousiasme, de sa créativité, bref, de ce qui le rend unique et qui fait toute sa valeur. À ce stade, le collaborateur « s'éclate » dans son travail. C'est un ressort personnel.

Besoin de progression. La progression est entendue ici au sens large. Il s'agit plutôt du sentiment de pouvoir encore progresser dans son travail et dans l'entreprise. La progression peut comprendre : une meilleure technique de l'entreprise, de son environnement, plus d'autonomie et de responsabilités, une rémunération plus importante, plus de contacts et d'ouverture vers l'extérieur…

Besoins sociaux : la perspective de satisfaction est dynamisante.

Besoin d'appartenance. L'homme est un être social. La volonté de s'investir dans une identité collective est très puissante. Le travail et sa concrétisation dans l'entreprise constituent un lien essentiel avec la société.

Besoin d'expression. Il n'y a pas d'appartenance solide et durable sans la possibilité de s'exprimer au sein d'un groupe et d'influencer son fonctionnement.

Besoins de reconnaissance et de considération. Nous n'existons qu'à travers le regard des autres. Nous attendons des signes de reconnaissance de l'autre, rien ne nous est plus pénible que l'indifférence. Cette indifférence est, la plupart du temps, interprétée comme du mépris. Nous nous reconnaissons aussi personnellement par l'estime que nous nous portons.

Besoins primaires : la perspective de satisfaction n'est pas dynamisante, mais l'insatisfaction démotive forcément.

Besoin de sécurité. C'est aujourd'hui un de nos besoins les plus immédiats : sécurité d'emploi, tristement d'actualité ; sécurité physique : difficile de se sentir motivé dans un travail où l'on se sent en danger physiquement ; clarté et stabilité des règles du jeu : ce besoin de savoir où l'on va et comment on y va, savoir ce qu'on attend de nous et pourquoi notre travail est bon ou pas.

Besoin de fonctionner dans notre société. Nous y trouvons les besoins physiologiques, bien sûr, mais aussi le fait de pouvoir assumer l'ensemble des impératifs d'une vie décente : se nourrir, s'habiller, se loger, et également entretenir une vie sociale, accéder aux loisirs, aux vacances, pouvoir assumer une famille, avoir une voiture… Cette vie « décente » passe par l'argent et donc par le salaire.

Nous avons volontairement interverti le barreau « reconnaissance » avec le barreau « appartenance » tels qu'ils se trouvent placés dans l'échelle de Maslow.

Exemple 1 : Éric M., 27 ans, marié, son épouse travaille. Embauché depuis deux ans au poste de technicien de maintenance en automatisme.

Accomplissement : Semble bien dans sa peau.

Action : Savoir quelles sont ses passions, ses rêves, ses loisirs.

Progression : Cherche beaucoup à apprendre sur le plan technique.

Action : Renforcer ses compétences sur le plan de l'organisation.

Appartenance : Il s'intègre à l'équipe et paraît avoir confiance dans l'entreprise.

Expression : Reste discret lors des réunions.

Action : Solliciter plus souvent son point de vue lors de réunions d'équipe.

Reconnaissance : Éric doute parfois de lui. Il hésite dans certaines situations à prendre des initiatives.

Action : Le rencontrer au moins une fois par jour et l'encourager à chaque initiative. Jouer la carte « droit à l'erreur » (voir p. 165).

Sécurité : Recherche surtout à vérifier si la qualité de son travail convient aux exigences de son poste. Cherche à savoir ce que sa hiérarchie pense de lui.

Action : Faire un point précis tous les trois mois. Définir des objectifs clairs.

Salaire : Rémunération au prix du marché. Se trouve dans la fourchette basse de la grille de ce poste. Pas d'augmentation depuis son entrée. Obtient de bons résultats. Désirera probablement une augmentation avec la perspective d'un premier enfant.
Action : Anticiper, rechercher les zones de prise de responsabilités supplémentaires.

Exemple 2 : Raymond P. 50 ans, chef de groupe, 20 ans d'ancienneté (s'est formé « sur le tas »), 2 enfants (26 et 22 ans), le premier travaille, l'autre continue ses études. Rémunération dans la fourchette haute.

Accomplissement : Il est très fier de la réussite de ses enfants.

Action :

Progression : Ne voit pas de quelle progression il pourrait bénéficier dans le service.

Action : Voir avec la DRH quelles sont les passerelles possibles.

Appartenance : Considère l'équipe comme un cercle d'amis de longue date.
Expression : Ressent le besoin de faire valoir son expérience lors des réunions et devant les plus jeunes.
Action : Envisager avec lui la possibilité de former des jeunes.

Reconnaissance : Il fait un peu semblant d'être insensible à tout compliment qu'il qualifie de « pommade ».

Action : Ne considérer que les faits pour faire valoir sa contribution.

Sécurité : Raymond sait que son ancienneté dans l'entreprise lui tient lieu de garantie. Il appréhende certains changements dans le fonctionnement du service.

Action : Comprendre avec lui ses craintes de changement.

Salaire : Ne pourra vraisemblablement pas évoluer d'une manière significative sur ce plan, à moins d'un changement de poste.

Action : Faire un point avec lui sur la manière dont il voit sa rémunération et ses besoins financiers.

L'analyse de vos collaborateurs

Collaborateur :	Âge :	Ancienneté :
Situation :	Rémunération :	

Accomplissement :

Action :

Progression :

Action :

Appartenance :

Expression :

Action :

Reconnaissance :

Action :

Sécurité :

Action :

Salaire :

Action :

L'analyse régulière des collaborateurs, à partir de l'échelle des motivations, a l'avantage de faire apparaître des réponses possibles et personnalisées à leurs attentes exprimées ou non.

Jusqu'ici, nous avons répertorié les besoins fondamentaux qui animaient un individu, mais nous n'avons pas clairement défini l'objet ou le but de cette motivation. Dans le cas de la faim, il suffit de « mettre en relation » l'individu avec de la nourriture pour qu'il puisse satisfaire son appétit. Un besoin fondamental, comme la sécurité par exemple, ne peut se satisfaire avec les mêmes techniques et de la même façon pour chaque collaborateur. Pour l'un, ce besoin de sécurité va se traduire par une demande d'information sur la stratégie de l'entreprise, et pour l'autre, ce même besoin se traduira par la demande d'objectifs clairement définis. Chaque personne fonctionne différemment et chaque réponse doit de ce fait être personnalisée. L'habileté consiste ici à repérer le système de fonctionnement de chaque collaborateur pour, le moment venu, lui permettre d'accéder à la satisfaction de l'un de ses besoins.

Mais, pour le responsable, **motiver n'est pas chercher à satisfaire à tout prix les besoins de ses collaborateurs.** Un collaborateur se sent motivé quand il croit possible la satisfaction d'un de ses besoins dans l'organisation où il agit. Un des rôles du manager consiste à mettre en place cette possibilité. Ce qui motive l'individu réside dans la perspective de satisfaction, la tension vers le but reste le vrai moteur, et pour peu que ce but soit atteint, le collaborateur recherchera une autre satisfaction au travers d'un but supérieur.

La dynamique de l'échelle nous offre un bon moyen de visualiser ce passage à l'échelon du besoin supérieur, et nous montre comment, c'est-à-dire à partir de quels besoins déjà satisfaits, un collaborateur peut atteindre le niveau de réalisation et d'épanouissement qui le mettra en situation d'investissement maximum dans l'entreprise.

La quatrième partie de ce chapitre nous renseigne justement sur le portrait du collaborateur idéal vu par les managers eux-mêmes.

Ce qu'en pensent les managers

■ Nous avons jusqu'ici mis en lumière le processus de la motivation, parcouru les différentes théories élaborées depuis un siècle sur ce sujet, dégagé un modèle pratique d'analyse des besoins des collaborateurs. Il est temps maintenant de regarder de plus près ce que les managers eux-mêmes pensent de la motivation.

Au fil des séminaires de management animés dans tous les secteurs de l'économie, nous avons écouté des managers de tout niveau hiérarchique parler de leur équipe et de la manière de la motiver.

Nous vous présentons ici la synthèse de leurs réactions. Nous nous sommes volontairement limité aux éléments recueillis durant ces trois dernières années pour donner un sens d'actualité à cette petite enquête. L'ensemble des réponses aux questions principales atteignent le nombre de 1 500 pour environ 500 managers, ce qui nous a permis de procéder à un classement par thèmes et d'en tirer des données statistiques. Les chiffres cités représentent donc la fréquence du thème cité.

Trois questions furent posées aux managers :

– Qu'attendez-vous de votre équipe ?

– Qu'est-ce que votre équipe attend de vous en tant que responsable ?

– Qu'attendez-vous, vous-même, de votre hiérarchie ?

Le verbe « attendre » se trouve, bien sûr, utilisé à dessein. En effet, nous attendons tous dans l'entreprise quelque chose, soit de notre équipe, soit de notre hiérarchie et inversement. La première question est de savoir « quoi » précisément, et dans quelle proportion. La deuxième consiste à comprendre comment répondre d'une manière concrète à ces attentes.

L'ensemble des réponses des participants fait appel à la manière dont ils perçoivent actuellement les qualités et les compétences attendues d'un collaborateur.

Le collaborateur idéal

Question 1 : « Qu'attendez-vous de votre équipe ? »

En reprenant l'ensemble des termes utilisés par les managers consultés, nous avons recomposé le « portrait robot » du parfait collaborateur, un peu à la manière d'une mosaïque ou d'un tableau impressionniste.

1. Le « parfait collaborateur » se définit, en premier lieu, par une série de qualités personnelles :
Il est tout d'abord **ouvert, disponible, créatif et adhère aux objectifs.**

Il est **compréhensif, développe une bonne écoute. Plein de bonne volonté**, il s'est forgé une **image positive de l'entreprise** pour laquelle il travaille. Il **pose des questions, s'intéresse, raisonne et participe positivement par des critiques constructives. Connaissant parfaitement le rôle de son service et de son travail,** il s'y **sent bien.** Il **partage ses connaissances avec l'ensemble de ses collègues** en les **formant** et **suit** de près **l'évolution de l'entreprise** dans son environnement. **Coopératif,** il **s'adapte rapidement aux différents** changements. Il **reconnaît** et **respecte son responsable hiérarchique.** Il est **sincère, franc, intellectuellement honnête, serein, flexible et correct.** Il **aime son travail** et **a le sourire.**

Il **fait évoluer son travail** en **soumettant des idées** et en prenant des **initiatives.** Il **se remet constamment en cause** et **va de l'avant. Réactif,** il joue l'**évolution** en **acceptant le changement** par ses **propositions** et ses **suggestions. Créatif, novateur, plein d'idées nouvelles**, il satisfait son **goût de l'innovation** en **développant ses compétences personnelles.**

Dynamique, fortement motivé, il **donne le maximum** et **le meilleur de lui-même.** Il **participe à l'élaboration des objectifs** et **y adhère pleinement.**

2. Notre collaborateur idéal possède aussi une sérieuse **conscience professionnelle** ainsi qu'une solide **compétence.**

Il est tout d'abord **profondément respectueux des règles, de la sécurité et du matériel.** Il est **consciencieux, sérieux** et **soigneux** dans son travail. Il cultive **une intelligence du travail** et **un sens de la satisfaction du client.** Enfin, il est **organisé, ponctuel, assidu et honnête.**

Il est bien sûr **techniquement compétent, performant, efficace, fiable,** apportant de **la qualité à tous les niveaux de sa polyvalence.**

3. Nous pouvons faire **confiance** à notre collaborateur, il est **responsable, autonome** et prend des **initiatives.**

Il est **digne de confiance** et **fait aussi confiance à sa hiérarchie.** Il a **le sens des responsabilités** en **assumant ses choix.** Il **fait preuve d'autonomie** par son **esprit d'initiative.**

4. Il **communique** avec sa hiérarchie et son environnement.

Il entretien **un dialogue soutenu avec sa hiérarchie** en faisant **remonter les problèmes** comme **les idées, pour les résoudre.** À son contact, **sa hiérarchie progresse.** De plus, il entretient **ces rapports humains** autant avec le reste de **l'équipe** qu'avec **les clients.**

5. Il sait travailler dans un esprit de solidarité.

Le travail en équipe est une de **ses valeurs.** Pour lui, cela passe par sa **contribution à une bonne entente avec ses collègues,** permettant ainsi **une bonne ambiance.** Cet **esprit d'aide réciproque, de solidarité** et **de cohésion** crée **une homogénéité, une synergie,** voire une **communauté d'esprit** dans le groupe.

6.	Cela va de soi, le collaborateur idéal génère du **résultat.** **Il atteint les objectifs** tant sur le plan de la **qualité** que sur celui des **résultats quantitatifs,** développant ainsi **une bonne productivité.**

Voilà, dans l'ordre d'importance, l'ensemble des qualités attendues par les managers de la part de leurs collaborateurs.

La première remarque porte bien évidemment sur la qualité d'exigence vis-à-vis de leur équipe. Nous sommes loin du temps où le chef n'exigeait de son équipe que du travail et de la discipline : le fameux « travaille et tais-toi ». Ces managers ont bien perçu que la réussite d'une équipe passe immanquablement par le développement des qualités personnelles de chaque collaborateur. La proportion de chacun des grands thèmes évoqués peut sur ce sujet nous éclairer.

Les données chiffrées

Nous avons comptabilisé la fréquence des termes évoqués par les managers. Par regroupements successifs, nous avons pu faire apparaître des proportions indiquant ainsi les degrés d'importance des thèmes entre eux.

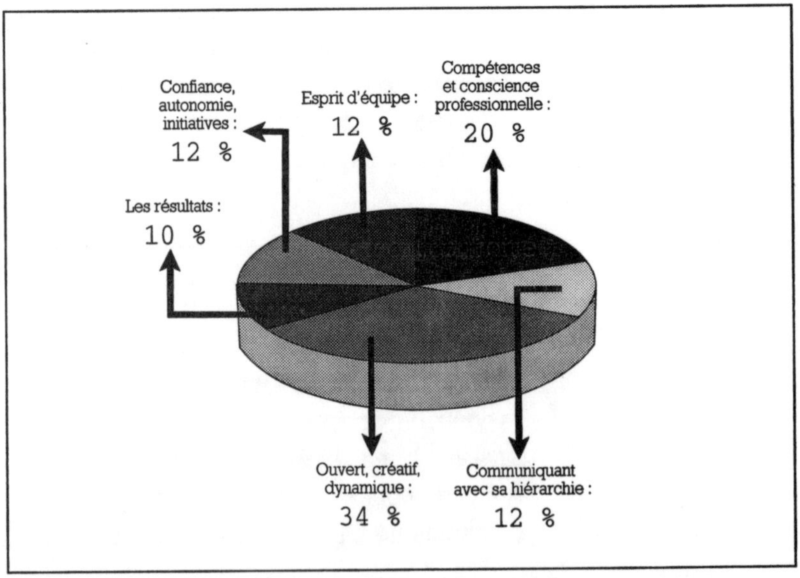

Commentaires

Revenons sur la qualité d'exigence des managers à l'égard des collaborateurs. On en demande beaucoup, pas forcément trop, mais nous distinguons bien par ces réponses les critères sur lesquels les membres de l'équipe peuvent être appréciés dans leur collaboration à l'entreprise.

1. Les qualités personnelles des collaborateurs semblent indispensables : ouvert, créatif et dynamique (34 %), le collaborateur idéal se situe au barreau numéro six de l'échelle des motivations. Il est épanoui et se réalise dans son travail.

2. En deuxième position, la compétence et la conscience professionnelle font, bien entendu, partie des critères importants pour les managers. Notons toutefois que la conscience professionnelle compte pour 57 % dans cette rubrique, et la compétence 43 %. Ceci peut indiquer que les managers recherchent davantage chez leurs collaborateurs des potentialités que des compétences techniques figées. À une époque où les nouvelles technologies ont un impact aussi important sur l'exercice des différents métiers, il n'est pas étonnant que les critères de qualité gravitent autour de la capacité des collaborateurs à s'adapter à partir de leur ouverture d'esprit et de leurs potentialités.

3. La troisième grande rubrique (12 %) comprend la confiance, la responsabilité, la prise d'initiatives et l'autonomie. Nous nous étonnons de la place du terme « autonomie » qui n'arrive qu'à 13 % dans la rubrique. Les managers recherchent de l'efficacité dans la confiance, la responsabilité, et les initiatives de leurs collaborateurs, mais ne semblent pas tout à fait prêts à abandonner une partie de leur « contrôle » en développant l'autonomie des membres de leur équipe.

4. On comprend mieux cette dernière remarque en observant la rubrique quatre (12 %). La communication et le dialogue avec les managers sont jugés importants et peuvent expliquer leur souci de se tenir informés des problèmes de l'équipe. La part de la communication avec le manager s'éclaire aussi par le besoin d'être reconnu par son équipe. Nous aurions tout à fait pu assimiler la communication avec le manager comme un signe d'ouverture d'esprit du collaborateur et l'intégrer à la première rubrique, ce qui l'aurait porté à un pourcentage de 46 %.

5. Le travail en équipe et l'ambiance du groupe arrivent à égalité (12 %) avec la précédente rubrique. Chaque collaborateur doit contribuer au maintien de la bonne ambiance de l'équipe (46 % de la rubrique), et savoir travailler avec ses collègues (54 %). L'ambiance fait partie de la qualité de vie générale, mais derrière l'importance statistique de ce point se cache la crainte des conflits entre les membres de l'équipe. Conflits qui embarrassent et mettent très mal à l'aise les managers.

On peut s'étonner de voir apparaître les résultats en dernière position avec 10 %. Non pas qu'ils n'aient que peu d'importance aux yeux de managers, mais ils ne sont que la résultante des qualités et des actions évoquées plus haut. Les managers recherchent avant tout des qualités de comportement chez leurs collaborateurs, les résultats sont la conséquence naturelle de ces qualités.
L'ensemble des réponses apportées par les participants relèvent dans leur grande majorité des qualités directement liées à la motivation des collaborateurs. Le portrait robot du parfait collaborateur laisse apparaître un individu bien dans sa peau, bien dans son métier, bien dans son équipe et bien dans son entreprise. L'idéal n'existe pas, nous le savons, mais il est quand même très utile, ne serait-ce que pour savoir dans quelle direction le chercher.

Le management participe d'un principe de physique très simple : le principe des vases « communicants ». Derrière le simple jeu de mots, se cache une vérité essentielle et bien connue de tous. On ne peut recevoir que ce que l'on a donné. Autrement dit, si les managers veulent recevoir toutes ces qualités de la part de leurs collaborateurs, ils doivent nécessairement commencer par donner. Mais donner quoi ?

C'est précisément ce que nous avons cherché à savoir en leur posant une deuxième question et en leur laissant le soin d'y répondre.

Le manager idéal

- **Question 2 : « Qu'est-ce que votre équipe attend de vous en tant que responsable ? »**

Les réponses des groupes nous éclairent de façon complémentaire sur deux points importants :

– comment les managers perçoivent les attentes de leur équipe ;
– quels sont les rôles et les qualités à développer pour maintenir et encourager la qualité de motivation de leur équipe.

Les réponses peuvent se réorganiser en 9 grands axes d'importance très différente.

1. Tout d'abord le manager **aide, soutien** et **conseille** son équipe.

Le manager **soutient son équipe** en **négociant des objectifs accessibles avec sa hiérarchie.** Pour cela, il sait **se faire reconnaître et respecter par ses supérieurs.** Le manager apporte un autre type de soutien à son équipe par **la proposition de solutions techniques originales.** Il sait aussi et surtout **aider ses collaborateurs à résoudre leurs problèmes** en leur permettant de **trouver par eux-mêmes les solutions.** Ce manager **facilite le travail de son équipe.** En effet il se fait **le porte-parole de ses collaborateurs** en cultivant **les liens avec les autres services.** Il **organise, prépare et structure le travail,** de façon à le **faire varier** et le **rendre ainsi plus intéressant.**

Il sécurise son équipe en lui montrant qu'**elle peut s'appuyer sur lui : il encourage, épaule, rassure, guide et conseille chaque collaborateur,** surtout **dans les moments difficiles** ou **les coups durs.**

C'est précisément dans ces moments qu'**il anime, harmonise et aide à la cohésion de ses troupes.**

Mais surtout, ce manager **défend d'une manière efficace son groupe.** Il **représente énergiquement son équipe à l'intérieur de l'entreprise comme à l'extérieur.**

Enfin, et toujours dans cette même logique de soutien et d'aide, **il fait confiance à son groupe qui, en retour, lui donne la sienne.**

2.	Notre manager est aussi conscient qu'il doit cultiver des **qualités humaines** pour exercer sur son équipe une autorité reconnue. Il montre toutes les caractéristiques de **quelqu'un de motivé.** À la fois **positif, constructif, dynamique,** il **entraîne son équipe par son caractère** et sa créativité. En un mot, c'est **un gagneur.** C'est aussi **un personnage droit :** il se montre **rigoureux, équitable, intègre, juste, honnête, et impartial.** Dans ses relations avec l'équipe, ses collaborateurs disent de lui qu'il est **franc, sincère et spontané.** Il possède **de l'humour,** se montre sous **un côté humain et compréhensif** en gardant son **calme** et, en règle générale, sa **bonne humeur.** C'est un personnage **convivial.** **Conciliateur, souple, humble et diplomate,** il se révèle aussi **ponctuel, correct et respectueux.** Il est jugé par ses collaborateurs comme **prévoyant et fiable.** En un mot, notre manager est un véritable **exemple.**

3.	Ce manager sait par-dessus tout se rendre **disponible** vis-à-vis de son équipe pour se mettre **à l'écoute** des collaborateurs. Cette **disponibilité** se traduit par **une présence sur le terrain** en n'hésitant pas de temps à autre à **« mettre la main à la pâte ».** Il se rend **proche de ses collaborateurs** au sens propre comme au sens figuré par sa **qualité d'écoute,** marquant ainsi son **ouverture au dialogue** et **sa réceptivité.** Cette **écoute** apporte aux collaborateurs **le sentiment d'être compris,** que **leurs remarques sont prises en compte** avec **les réponses** appropriées.

4. Un des mots clés de tout manager : **reconnaissance.**

L'équipe attend, selon nos participants, une **reconnaissance** et un **respect** à la fois de **chaque collaborateur** en tant que personne, mais aussi **de son travail.** Cette **reconnaissance** peut tout aussi bien être **positive comme négative :** le principe, c'est de **montrer l'intérêt** que porte le manager **pour le travail de ses collaborateurs. La valorisation de l'équipe** au travers de ses résultats est perçue comme une **marque de considération.**

5. L'équipe attend de son manager qu'il l'**informe.**

Le responsable **explique la stratégie de l'entreprise** ainsi que **les objectifs en relation avec cette stratégie** pour en **montrer la cohérence.**

Il sait fournir à son équipe **des informations de type technique,** mais aussi **des éléments sur l'environnement économique de l'entreprise.**

Il **analyse et commente les résultats** avec l'équipe en ayant soin d'**expliquer les changements d'orientation** et de **répondre aux questions** des collaborateurs.

6. Le responsable met en place les possibilités de progression de son équipe.

Il permet à ses collaborateurs de **progresser sur le plan financier,** bien sûr, mais en ayant soin de mettre en amont les conditions de ces augmentations, à savoir : de **la formation, de nouvelles responsabilités, de la délégation.** Ce climat de **progression permanente** est suscité par la mise en place du **droit à l'erreur,** favorisant **les initiatives** et **l'autonomie** des collaborateurs.

7.	Le responsable d'équipe a appris dans certaines situations à **décider,** à **trancher.** Il sait aussi **clarifier les rôles** et **définir clairement les objectifs.** Le fait de **trancher, décider, clarifier, définir** permet aux collaborateurs de connaître en permanence les **règles du jeu.**

8.	Le manager doit également être **compétent.** Dans sa spécialité, il possède des **capacités techniques,** un sens de la **méthode** et de **l'organisation** qui lui permettent d'être **efficace** dans ses **réalisations concrètes.**

9.	Notre manager permet un bon résultat de son équipe en mettant à sa disposition des **moyens.** Il s'agit de **moyens matériels, humains et de temps.**

Les données chiffrées

Les 9 axes dégagés n'ont pas la même importance. En comptant le nombre d'apparitions de chacun des termes clés, nous pouvons dégager la proportion de chacun de ces axes .

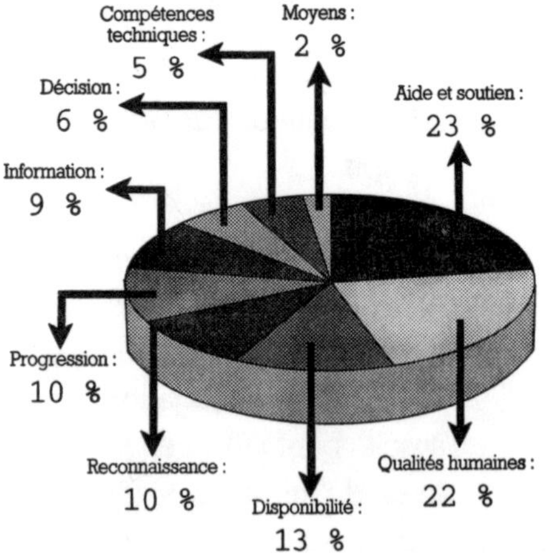

Commentaires

Nos managers ont aussi augmenté le niveau d'exigence de leur équipe à leur égard : nous retrouvons le portrait idéal du parfait responsable d'équipe en neuf rubriques ! La première remarque corrobore le fait que les managers se font sensiblement une image assez juste de leur rôle de responsables motivants. La conscience de ce rôle et des actions qui l'accompagnent semble bien installée dans les esprits. Fruit d'une évolution des mentalités ou omniprésence d'un discours à la mode ? Les deux, sans doute. Reste à construire les actions sur le terrain en cohérence avec cette conscience.

1. **L'aide, le soutien et les conseils** apparaissent en première position avec 23 %. Les managers perçoivent spontanément la première attente de l'équipe en terme d'assistance. Nous ne savons pas si les collaborateurs eux-mêmes se seraient exprimés dans une telle proportion sur ce thème. La rubrique se décompose en trois parties : **l'aide et le soutien** (59 %), **la solidarité avec l'équipe** (27 %) et **la défense de l'équipe** (14 %). Les managers perçoivent fortement leur rôle en termes de soutien et d'aide vis-à-vis de leur équipe. Cette perception peut révéler une forme positive de générosité mais aussi dans certains cas une présence un peu étouffante.

2. Très proche (22 %), la deuxième rubrique a trait aux **qualités humaines** du manager. La liste des qualités montre bien à quel point le comportement du manager est vécu comme important dans l'animation d'une équipe.

3. **La disponibilité et l'écoute** méritent d'être regroupées en une rubrique. Elles représentent 13 % des réponses. La qualité de l'écoute atteint 67 % et la disponibilité 33 %.

4. **La reconnaissance et la considération,** en quatrième position avec 10 %, nous montrent sans doute un décalage de perception entre les managers et leur équipe, nous le vérifierons à partir de la question numéro deux.

5. La cinquième rubrique traite des attentes des collaborateurs en matière de **progression** (10 %). Ce thème se décompose en quatre axes : la délégation et l'autonomie (32 %), l'évolution dans l'équipe (25 %), l'évolution de la rémunération (25 %), et enfin la formation (18 %).

6. L'équipe attend aussi de **l'information** (9 %)

7. **Décider, clarifier, définir :** trois verbes pour la septième rubrique (6 %), où l'attente de décision, selon les managers, atteint 42 %, la nécessité de clarifier (33 %), et la définition des objectifs (25 %).

8. **La compétence technique du manager** apparaît en huitième position avec 5 %. Les managers se rendent compte que l'autorité de type technique ne suffit pas, à elle seule, pour animer une équipe. Elle reste certes nécessaire mais en aucun cas suffisante.

9. Enfin, en dernière position, les managers soulignent **l'attribution des moyens,** avec 2 %.

Voilà la représentation que se font les managers questionnés sur les attentes de leur équipe à leur égard. Il s'agit, bien sûr, d'un portrait idéal mais il n'en n'est pas pour autant neutre. À partir de ces neuf rubriques, chacun de nous peut s'interroger sur sa propre manière de répondre à cette question. L'idéal eût été de poser directement la question à l'équipe, encore faut-il que la relation entre le manager et son équipe puisse le permettre, et que la maturité de celle-ci soit suffisante. Nous développerons au chapitre 6 un outil permettant d'obtenir de l'équipe sa perception sur des points importants de son fonctionnement.

Mais quelles sont les attentes de ces managers vis-à-vis de leur supérieur hiérarchique ? Ils se placent, dans cette perspective, en tant que collaborateurs.

Le hiérarchique idéal

- **Question 3 : « Qu'attendez-vous de votre hiérarchie ? »**
Nos managers regardent vers le haut de la pyramide en répondant à cette question. Nous retrouvons les 9 grands axes de la question précédente avec, bien sûr, quelques différences, tant sur le contenu que dans les proportions.

1.	Les managers questionnés attendent l'expression de nombreuses **qualités humaines.** **L'honnêteté, la franchise, l'intégrité** et **la justice** sont essentielles à leurs yeux et dans leurs actes. Développant **un esprit d'ouverture,** à la fois **compréhensif, patient, souple, accessible, humain** et **sociable,** le hiérarchique cultive **la qualité du contact** et **la sociabilité dans les relations humaines.** **Positif, dynamique, motivant,** et **créatif,** il donne **une impulsion, rassemble les énergies** par son **audace** : il amène ses collaborateurs à un **dépassement d'eux-mêmes. Clairvoyant,** il sait **anticiper** à partir de ses **prévisions.** Enfin, le hiérarchique idéal est **structuré, fiable, logique, stable** et **clair.** Il **assume et respecte les choix** avec **caractère, réalisme** et **cohérence.**

2.	La hiérarchie du responsable doit, comme lui, savoir **écouter, dialoguer, communiquer,** et aussi se rendre **disponible** pour **concerter** son équipe. **L'écoute du groupe** permet à la hiérarchie de **dialoguer en bonne intelligence,** de se **mettre en empathie pour connaître les problèmes et les conflits dans l'équipe.** Il peut ainsi **débloquer les situations difficiles.** Cette **bonne relation** où il **accepte la critique,** où il **tient compte des positions de l'autre,** marque tout son **intérêt pour la vie du service.** Ses collaborateurs ressentent une véritable **participation dans l'élaboration des projets.** Le fait **de consulter et** de concerter **son équipe permet** avant tout au hiérarchique de **dialoguer avant d'imposer.** Ces **échanges** et la **participation à la réflexion** débouchent la plupart du temps sur une **prise de décisions mutuelles.** **Disponible, prête à consacrer du temps,** la hiérarchie assure le **suivi de** toutes les actions engagées.

3.	Le supérieur hiérarchique se doit d'apporter du **soutien,** de la **confiance** et de l'**aide** à son équipe. Le **soutien** passe par la **défense des intérêts de l'équipe,** ainsi que de son **image auprès des autres services** et de la **direction.** Il doit fonctionner aussi en cas de **conflit entre son collaborateur et un membre de son équipe.** Il faut pour cela que le supérieur hiérarchique **fasse confiance** à ses collaborateurs directs. De plus, les managers attendent de **l'aide** en termes de **conseils,** de **résolutions de problèmes** et de **suivi sur le terrain.**

4.	D'autre part, les managers attendent de la **progression.** **La délégation** apparaît comme la principale source de **progression.** Elle permet aux managers de **se sentir responsables,** d'avoir **une autonomie,** de prendre **des initiatives personnelles** et de pouvoir **s'affirmer dans leur professionnalisme.** **L'évolution** et **la progression** sont aussi synonymes de **formation** dans différents **stages** et par le **partage d'expériences.** La sanction de toute évolution se traduit par une **progression sur le plan financier.**

5.	Nous savons que nous attendons de notre hiérarchie qu'elle **décide, clarifie** et **définisse.** **La définition des objectifs** est, bien entendu, prioritaire dans les attentes vis-à-vis de la hiérarchie. **Clair, précis, cohérent et chiffré,** voilà l'objectif parfait, défini avec le supérieur hiérarchique. Il en va de même avec les **orientations et la stratégie de l'entreprise** qui, au travers d'un **projet clair, oriente** le sens des **efforts** à fournir. Ce qui facilite la **définition des missions** ainsi que la **prise de décision.**

6.	**L'information** est une activité importante de la hiérarchie. En effet, nos managers attendent de **l'information sur la politique à court et moyen terme de l'entreprise,** mais aussi sur les **résultats, les objectifs et l'organisation.** Cette **information descendante** doit aussi s'accompagner d'une **information montante vers la direction** avec **les réponses.**

7.	La hiérarchie de notre manager se doit d'apporter aussi de la **reconnaissance** et de la **considération.** Il s'agit pour lui de **savoir reconnaître le travail fourni, de souligner les efforts et les compétences mises en œuvre** dans l'atteinte des objectifs, **personnellement** et pour **le groupe.** Cette **reconnaissance** marque son intérêt et permet d'**apprécier les collaborateurs et les résultats à leur juste valeur.** Le simple fait de **dire quand ça va et quand ça ne va pas** est perçu comme une **marque de considération,** voire même **d'encouragement.**

8.	**L'obtention et la mise en place des moyens** font partie, selon nos managers, de l'une des missions de leur hiérarchie.

9.	Enfin, on attend aussi que notre supérieur hiérarchique soit **techniquement compétent** et qu'il sache à l'occasion se montrer un **homme de terrain.**

Les données chiffrées

Nous avons retrouvé les mêmes rubriques que pour la question précédente « Qu'est-ce-que votre équipe attend de vous ? ».

En revanche, les proportions de ces rubriques laissent apparaître une différence quant à leur ordre et à leur importance.

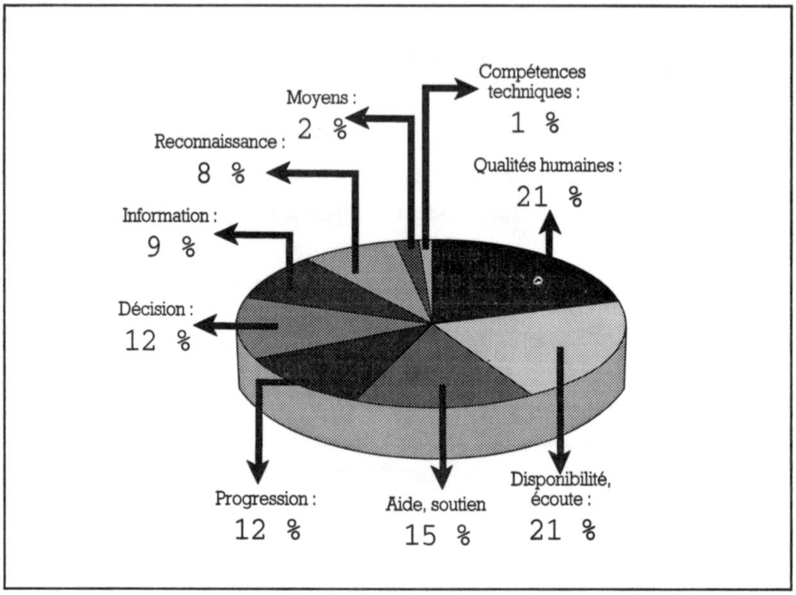

Commentaires

La première remarque porte, avant toute chose, sur la différence de proportion de ces neuf rubriques par rapport aux mêmes rubriques de la question précédente. L'analyse portera donc sur le détail des rubriques mais surtout sur la comparaison entre les réponses des deux questions.

1. Les qualités humaines du supérieur hiérarchique arrivent en première position en totalisant 21 % des réponses. Nous distinguons quatre grandes parties dans cette rubrique :
– honnêteté et franchise : 34 % ;
– ouverture d'esprit et relations humaines : 24 % ;
– créatif et dynamique : 24 % ;
– logique et réaliste : 18 %.

2. Très proches, à la fois par le thème et dans les proportions, la disponibilité, l'écoute, la concertation représentent 20 %. Ces trois points se répartissent comme suit :
– écoute, dialogue : 55 % ;
– concertation : 28 % ;
– disponibilité : 17 %.

3. L'aide, le soutien et la confiance accordés aux managers occupent la troisième position, avec 15 % des réponses :
– soutien : 42 % ;
– confiance : 37 % ;
– aide : 21 %.

4. La progression des managers occupe le quatrième rang de leurs attentes : 12 % avec, en décomposant la rubrique :
– la délégation et l'autonomie : 54 % ;
– la progression financière :25 % ;
– l'évolution :11 % ;
– la formation : 10 %.

5. En cinquième position, nous trouvons la rubrique décider, clarifier, définir, avec 12 %. La décomposition est la suivante :
– la précision des objectifs et de la mission : 45 % ;
– la clarté des orientations et de la stratégie : 33 % ;
– la prise de décision : 22 %.

6. L'information se situe au sixième rang des attentes, en représentant 9 % des réponses. Les participants étant restés très généraux dans leurs commentaires, nous ne pouvons décomposer cette rubrique.

7. La reconnaissance atteint 8 % des réponses et se place au septième rang.

8. L'octroi des moyens compte pour 2 % des réponses.

9. Enfin, le professionnalisme et les compétences techniques du responsable hiérarchique ne semblent pas représenter un facteur déterminant aux yeux des managers, en cumulant 1 % des réponses.

La comparaison entre les réponses obtenues à la question deux et celles obtenues à la question trois mérite quelques commentaires. En règle générale, nous pouvons considérer que notre équipe attend de nous ce que nous-mêmes attendons de notre supérieur hiérarchique. D'une part, nous nous trouvons dans une position similaire et d'autre part, nous avons constaté qu'il se construisait très souvent une homogénéité de style dans les entreprises. Autrement dit, nous avons souvent tendance à manager comme nous sommes managés.

Ce mimétisme managérial constitue, en partie, le style général de l'entreprise, sa culture interne. Nos attentes à l'égard de notre hiérarchie nous révèle de ce fait, au travers de ses points positifs et de ses lacunes, la part de progression directement liée à notre initiative, notre marge de manœuvre personnelle et aussi les contraintes inhérentes au style de management dominant de la structure avec lesquelles il nous faut composer.

Les différences et les similitudes dans les proportions se trouvent représentées par le graphique ci-dessous. Les histogrammes en clair marquent les pourcentages obtenus à la question 2 et les histogrammes foncés, les pourcentages obtenus à la question 3.

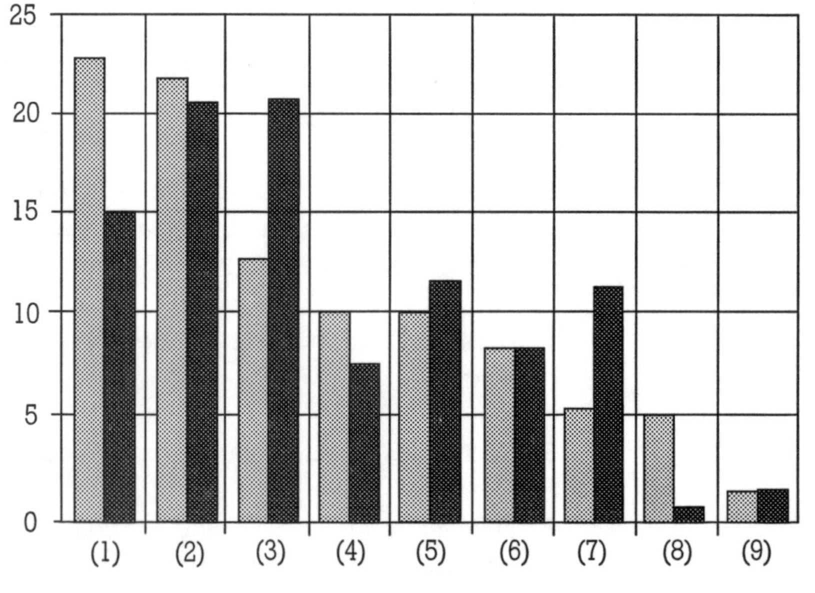

1. L'aide et le soutien : 23 % et 15 %. Nos managers pensent devoir apporter bien plus d'aide et de soutien à leur équipe qu'ils n'en demandent à leur hiérarchie. Cet écart peut s'expliquer par la perception de leur rôle, au plus proche du terrain.

2. Les qualités humaines : 22 % et 21 %. Quel que soit le rang hiérarchique, les qualités humaines se révèlent prioritaires dans l'animation d'une équipe.

3. La disponibilité : 13 % et 21 %. Cet écart traduit, semble-t-il, la perception d'un manque général de disponibilité et d'écoute de la part de la hiérarchie à l'égard des managers.

4. La reconnaissance : 10 % et 8 %. La reconnaissance reste sensiblement égale aux deux questions avec quand même un plus sur les attentes de l'équipe.

5. La progression : 10 % et 12 %. Les managers paraissent attendre un petit peu plus de progression, notamment en matière d'autonomie.

6. L'information : 9 % aux deux questions. L'information se doit d'être la chose la mieux partagée à tous les niveaux de la ligne hiérarchique.

7. La prise de décision : 6 % et 12 % : la hiérarchie se trouve ici doublement plus sollicitée que nos managers sur la prise de décision.

8. Les compétences techniques : 5 % et 1 %. Les compétences de type technique apparaissent encore moins nécessaires pour la hiérarchie, elles devraient trouver leur compensation dans la prise de décision.

9. L'obtention des moyens : 2 % aux deux questions. Les moyens ne constituent pas une préoccupation prioritaire.

Nous retrouvons dans les réponses aux deux questions les mêmes grandes rubriques. Les attentes sont bien les mêmes, quel que soit le niveau hiérarchique. Seules les proportions changent pour certaines rubriques. Cela tend à montrer qu'il n'existe pas de manières radicalement différentes de manager selon le niveau où nous nous situons.

Les différences de style de management sont bien plus liées aux croyances et aux valeurs de chaque manager qu'aux différences de niveaux dans la hiérarchie. L'exploration de ses valeurs et celles de son environnement peut, à ce titre, permettre une meilleure compréhension du fonctionnement de notre management.

L'analyse des valeurs de votre équipe et de votre environnement

■ Un participant dans une entreprise me demanda un conseil par rapport à une difficulté de management sur laquelle il butait à ce moment-là. Voici très brièvement la situation. Une de ses collaboratrices refusait catégoriquement de proposer par téléphone un nouveau produit aux clients. Ses résultats s'en ressentaient ; le manager intervint plusieurs fois pour la convaincre de proposer ce nouveau produit, mais en pure perte. Les relations s'envenimaient au point qu'ils ne se parlaient plus. Le manager savait que sa collaboratrice était une des meilleures de son équipe et ne percevait plus d'issue. En parlant avec le manager, il était clair que son principal souci se résumait au succès de son équipe et c'est en ce sens qu'il avait argumenté auprès de sa collaboratrice. Mais en vain, la discussion revenait immanquablement sur le manque de fiabilité du produit. J'ai rencontré la collaboratrice en question et, au fil de nos échanges, je me suis aperçu qu'elle comprenait parfaitement le point de vue son manager mais l'idée qu'elle puisse « tromper » un client lui paraissait insurmontable. Son « honnêteté » lui interdisait de se prêter à ce qu'elle qualifiait de « trahison vis-à-vis de personnes qui nous font confiance ».

Il ne s'agissait pas ici d'un cas de rébellion passagère, d'un simple mouvement d'humeur, mais d'un antagonisme plus profond entre deux systèmes de croyance et de valeurs. Le manager n'agit ici qu'en référence à son désir de voir l'équipe réussir, et sa collaboratrice, même si elle accepte cette valeur, place au-dessus de tout l'honnêteté qu'elle estime devoir au client. La question se posait alors pour le manager de montrer en quoi le nouveau produit ne trompait en aucun cas le client, permettant ainsi à sa collaboratrice de se sentir en accord avec une de ses valeurs personnelles.

Nous savons tous que chacun d'entre nous possède des valeurs en relation avec notre système de croyance. Même inconscientes, elles n'en sont pas moins actives. Ces valeurs fonctionnent sous forme d'une échelle (encore une !) avec, pour cette fois, une hiérarchie plaçant la valeur la plus importante à nos yeux tout en haut. Quand il nous faut prendre une décision et que nous nous trouvons en conflit de valeurs, c'est notre valeur la plus élevée qui détermine notre comportement. Ce manager a compris que dans la situation précédente, la résolution du conflit passait par la reconnaissance des valeurs de sa collaboratrice. Il s'y est adapté, débloquant ainsi le conflit.

Nous l'avons vu, les besoins primaires (le salaire et la sécurité) une fois satisfaits, l'individu se tourne vers la recherche de la satisfaction de besoins supérieurs. Nous pouvons ici les ranger en trois grandes catégories :
– **besoin d'identité :** découvrir, savoir et confirmer qui nous sommes, à la fois à nos yeux et aussi à travers le regard des autres (reconnaissance) ;
– **besoin d'appartenance :** l'amour, l'affection, ou le sentiment d'appartenir à quelqu'un ou à un groupe ;
– **besoin de puissance :** le sentiment que nos actes ont un impact sur notre environnement et sur nous-mêmes (progression et réalisation de soi dans l'action).

L'importance de nos besoins détermine notre recherche qui se traduit par nos valeurs et détermine ainsi nos comportements. Même s'il existe une échelle standard des besoins, celle des motivations par exemple, nous savons que ces besoins varient d'un individu à l'autre. Retenons néanmoins ce principe :

Besoins
↓
Valeurs
↓
Comportements

Connaître vos valeurs ainsi que celles de vos collaborateurs, vous permettra de mieux saisir les différends qui vous opposent, ou plus simplement de tenir compte au quotidien de ce qui est important pour eux. Il en va de même pour les relations que vous entretenez avec votre hiérarchie. C'est pourquoi nous vous proposons de découvrir vos valeurs et celles de vos collaborateurs à partir d'une liste construite autour des trois grandes rubriques : **identité, appartenance, puissance.**

De nombreuses valeurs dans cette liste sont apparentées, car elles peuvent satisfaire les besoins liés à plusieurs rubriques.

Choisissez vos six valeurs principales et donnez-leur une note de 1 à 6, 1 pour la plus importante, 6 pour la moins importante. Faites de même pour vos collaborateurs directs et pour votre supérieur hiérarchique. Si leurs valeurs vous sont inconnues, il suffit de vous rendre attentif à leurs propos et de leur poser des questions du type : qu'est-ce qui est important pour vous dans ce travail ou dans cette décision ? ou de découvrir leurs passions : nos centres d'intérêt expriment le plus souvent nos valeurs. La liste des valeurs citées ci-dessous peut bien sûr, être complétée.

Les valeurs

Identité	Appartenance	Puissance
– la réputation	– l'amour	– le succès
– le respect de soi	– le respect de ses enfants	– être le plus malin
– le succès	– le nom de famille	– la créativité
– l'intégrité	– l'honneur	– l'argent
– le respect de ses enfants	– la religion	– le pouvoir
– l'honnêteté	– le charme	– la situation sociale
– la créativité	– l'intelligence	– le talent
– le conformisme	– l'admiration des autres	– l'intelligence
– l'originalité	– le désintéressement	– l'indépendance
– la forme physique	– l'obéissance	– l'ambition
– l'honneur personnel	– l'honneur de la famille	– le choix
– le caractère	– l'amitié	– la ténacité
– la jeunesse	– bien élever ses enfants	– l'esprit de revanche
– le professionnalisme	– être un homme ou une femme	– l'âpreté du gain
– la générosité	– la morale	– l'individualisme

Mes six premières valeurs :	**Les six premières valeurs de mes collaborateurs :**	**Les six premières valeurs de mon hiérarchique :**
1.	1.	1.
2.	2.	2.
3.	3.	3.
4.	4.	4.
5.	5.	5.
6.	6.	6.

La comparaison entre vos valeurs, les valeurs de vos collaborateurs et de votre hiérarchique, vous indiquera la cohérence et les divergences de fonctionnement avec votre environnement immédiat.

La motivation dans l'entreprise est, bien sûr, à considérer comme un enjeu majeur. Pour le manager d'équipe, elle prend la forme d'une mécanique complexe. Cette tension, qui maintient les collaborateurs en éveil, doit tout d'abord être comprise et analysée si nous voulons agir au plus près de la dynamique personnelle de nos collaborateurs.

Il existe des modèles constitués au fil du temps. Ils nous livrent le cadre général au travers duquel la motivation peut se représenter. Ils nous orientent dans la mise en place de structures de fonctionnement plus propices au maintien de la motivation individuelle et collective des collaborateurs. Mais ces modèles, aussi élaborés soient-ils, ne doivent pas nous dispenser de la réflexion et du travail personnels que nous nous devons d'effectuer sur la motivation personnelle de chaque collaborateur dans l'équipe.

Si nous savons comment s'organisent les besoins de nos collaborateurs, nous savons aussi ce qu'ils attendent de nous en tant que manager. Notre manière de nous comporter au quotidien devient ici déterminante. Les réponses des managers interrogés nous révèlent à quel point le degré d'exigence des différents acteurs de l'entreprise (collaborateurs, managers et supérieurs hiérarchiques) impose à chacun d'eux une rigueur et un professionnalisme en terme de comportements. La simple technicité ne suffit plus, le manager doit se professionnaliser dans les aspects les plus quotidiens de sa mission s'il veut, en retour, obtenir l'implication de son équipe. Son équipe devient alors le reflet de la qualité de son management.

Mais après l'analyse des motivations et des valeurs des collaborateurs, le manager doit posséder un outil de diagnostic lui permettant de mieux situer les comportements des membres de son équipe, pour pouvoir ajuster son management aux différentes situations et attitudes rencontrées sur le terrain.

3. L'analyse de l'équipe

Tout responsable possède une « connaissance » de son équipe et des personnalités qui la composent. Cette « connaissance » peut être le fruit du recrutement d'un ou de plusieurs collaborateurs, d'expériences de travail en commun, d'échanges entretenus au fil du temps, et surtout de « l'idée », de « l'intuition » que se fait chaque responsable de son groupe de travail.

« L'équipe est bonne » ou « globalement motivée », un tel « ne pose pas de problème particulier » selon les dires de certains responsables. Paradoxalement, cette image qu'a le responsable de l'équipe et des collaborateurs est à la fois trop « fine » et trop « floue ».

Trop « fine » car très personnalisée au fil du temps. En effet, nous connaissons nos collaborateurs au quotidien, dans leurs moindres faits et gestes et, pour certains d'entre eux, ils nous sont presque « prévisibles » dans certaines situations. En fait, à force de bien les connaître nous les enfermons à l'intérieur de notre « vue ». Cette projection, en général, ne correspond ni tout à fait à ce qu'ils sont, ni à ce qu'ils voudraient être à nos yeux. Cette « connaissance » les enferme et peut-être ne leur permet plus d'évoluer. L'équipe devient alors un agrégat de personnalités très particulières, soumises à notre seule perception.

Trop « floue » car « quand ça marche bien », nous le savons, « il n'y a rien à dire ». Autrement dit, nous n'intervenons qu'en cas de difficulté de l'un ou l'autre de nos collaborateurs. Je rencontre régulièrement des personnes qui ont le sentiment que leur responsable n'a qu'une conscience très diffuse de ce qu'ils font réellement : « Si mon chef savait tout ce que je fais. Il ne se rend pas compte. »

Quel est le bon niveau de détail dans la connaissance de son équipe pour à la fois avoir une vision fiable et surtout pouvoir agir en bonne intelligence ?

Pour connaître son équipe et agir avec pertinence, le manager a donc besoin d'outils. La seule intuition globale et la connaissance personnelle de chacun, même nécessaires, ne suffisent pas toujours.

Nous savons que toute analyse ne peut s'élaborer qu'à partir de deux éléments :
– l'expérience, l'observation, le recueil des faits liés à la vie de l'équipe et des personnes qui la composent ;
– un concept, une grille ou un modèle qui nous permettent d'organiser et de structurer la multiplicité des faits en un tout cohérent.

Cette analyse ne recherche pas un niveau de vérité scientifique, loin de là, ni même à enfermer nos collaborateurs dans des « petites boîtes », ce qui serait stupide. Elle nous permet simplement :
– de construire une vision plus fiable et plus simple de son équipe en général et de chacun de ses collaborateurs ;
– de dégager les points positifs et les points d'amélioration, tant au niveau des comportements que des compétences dans l'équipe.

L'analyse que nous vous proposons de construire ici vous servira tout au long des chapitres suivants de ce livre. Elle vous permettra d'affiner votre stratégie de management et de redéfinir vos actions et vos comportements pour une plus grande efficacité dans votre management.

Ce chapitre se présente en deux parties :
– l'analyse des comportements de l'équipe ;
– l'analyse des compétences et des motivations des collaborateurs.

L'analyse des comportements de l'équipe

La grille des comportements A, B, C, D

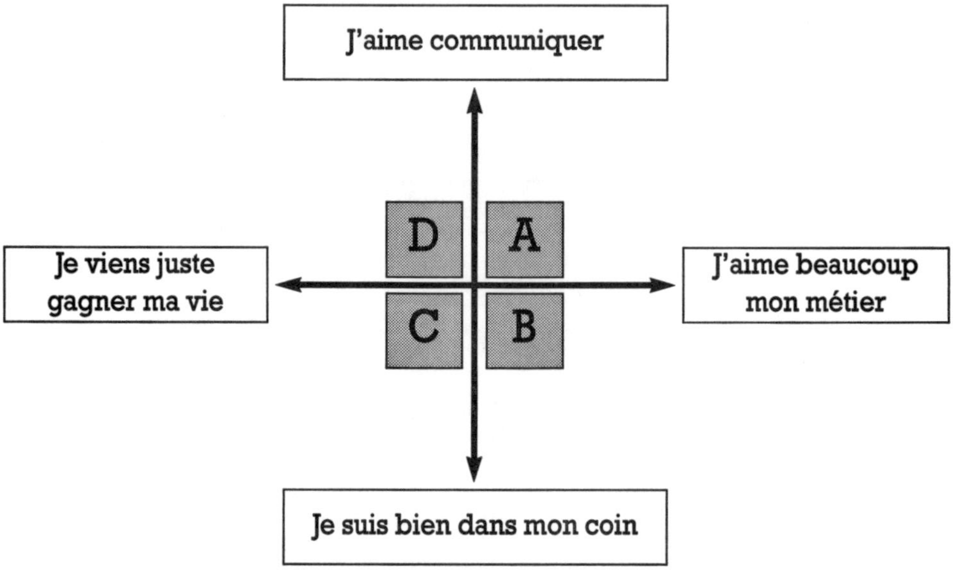

- **Les termes de l'abscisse et de l'ordonnée**

  « J'aime communiquer » et « Je suis bien dans mon coin » sont opposés. Cet axe de l'ordonnée va du plus vers le moins avec toutes les nuances possibles. « Communiquer » est entendu ici comme une volonté d'échanger, de s'intéresser à la vie de l'équipe et à la vie en équipe.

  À l'inverse, « être bien dans son coin » signifie un comportement personnel, voire renfermé, à l'extrême de l'ordonnée.
  « J'aime beaucoup mon métier » et « Je viens juste gagner ma vie » s'opposent ici en terme d'intérêt et de désintérêt pour son travail.

  Le croisement de chaque axe fait apparaître quatre hypothèses de comportement des collaborateurs. Il ne s'agit pas ici de porter des jugements de valeurs ni d'enfermer telle ou telle personne de votre équipe dans des catégories rigides, mais plutôt de définir avec un outil simple les potentialités de votre équipe et de chacun de vos collaborateurs directs.

Les comportements du collaborateur A

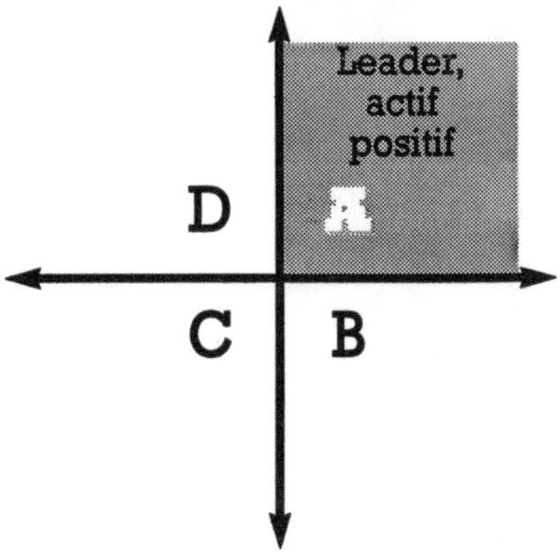

• Le A aime communiquer avec les autres membres de l'équipe et avec son entourage.

• Il aime son métier et s'intéresse aux nouvelles évolutions liées à son activité.

• Il se sent solidaire de l'équipe et montre même parfois un sentiment d'appartenance à l'entreprise.

• Il accepte le « non-négociable » sous réserve qu'on lui explique les enjeux pour l'équipe.

• Il propose des idées et des solutions d'amélioration, il voit plutôt le « verre à moitié plein » dans une situation délicate.

• Il a l'esprit critique, positif, il est capable de ne pas être d'accord mais aussi d'expliquer pourquoi.

• Il est coopératif et conciliant à l'égard des contraintes. Dès lors qu'il a compris la nécessité du changement, il est prêt à le conduire avec l'équipe.

• Le A est un moteur dans l'équipe, bien sûr à des degrés plus ou moins importants.

Les comportements du collaborateur B

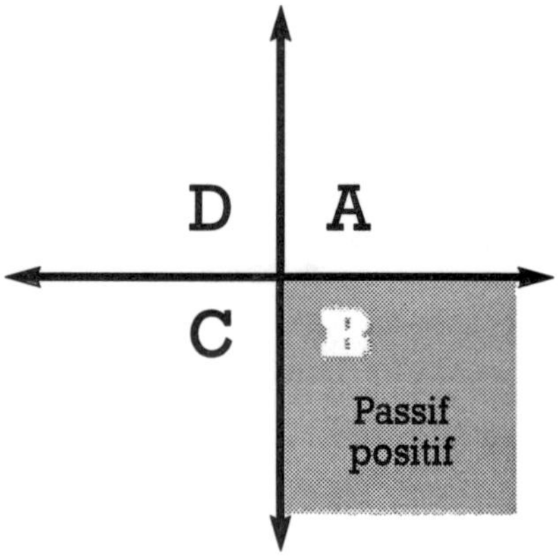

• B, comme A, a la caractéristique d'aimer son travail.

• C'est un « pro », un expert.

• Il est respecté pour son professionnalisme beaucoup plus que pour sa capacité à communiquer.

• On peut lui confier un travail, il le fera minutieusement.

• Peut-être même va-t-on trouver qu'il est trop temporisateur et qu'il a tendance à faire du perfectionnisme, ce qui peut parfois coûter très cher à l'entreprise.

• Il est individualiste, plus préoccupé de son intérêt personnel que de l'intérêt collectif.

• Ce n'est pas un homme de communication, il va seulement accepter le changement sans le proposer.

• Sa participation à l'équipe se borne au rôle d'expert.

Les comportements du collaborateur C

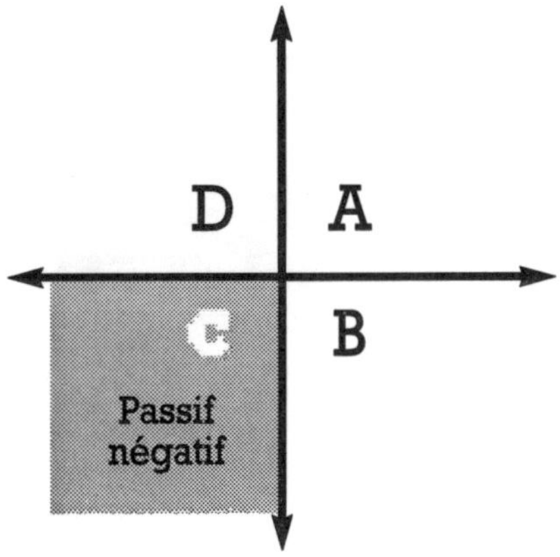

• Il est plus attiré par les habitudes, la routine que par le changement.

• Parfois même, la force d'inertie se révèle : on dit oui et on ne fait rien, et on se trouve des excuses pour n'avoir jamais atteint ses objectifs ; c'est toujours la faute des autres.

• Ses collègues doivent supporter son manque d'initiative.

• Il participe au minimum à la vie de l'équipe, les réunions sont pour lui une « perte de temps » où il se tient à l'écart.

• Il travaille dans la monotonie et parfois même dans la « sclérose ».

• Il se plaît à dire qu'il ne bougera que quand les autres feront un effort.

• Il vit chaque changement comme une perte inutile d'énergie : « À quoi bon, de toute façon, ça ne changera rien ! »

• Ses centres d'intérêt se trouvent ailleurs que dans son travail ou dans l'entreprise.

• Il fait le minimum demandé par l'entreprise pour ne pas avoir de problèmes avec sa hiérarchie.

Les comportements du collaborateur D

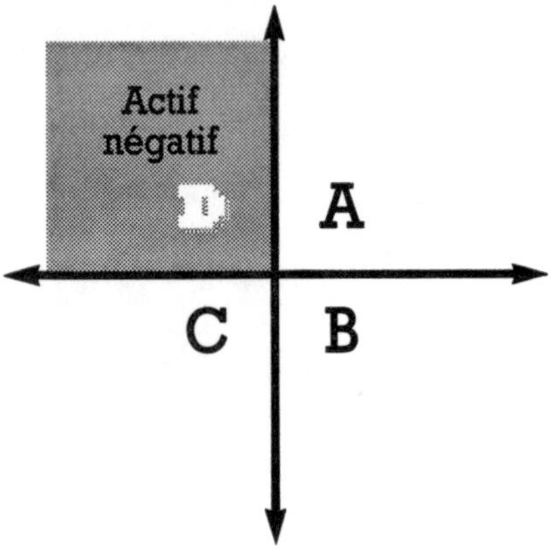

• Il aime communiquer mais est déçu du travail qu'il a à effectuer.

• Il est souvent aigri, nostalgique.

• C'est un éternel insatisfait, qui cultive l'esprit de critique systématique.

• Il a tendance à détruire tout ce que les autres essaient de construire.

• C'est le râleur de service, le persifleur qui n'est jamais content et qui ne peut s'empêcher de l'exprimer.

• Il est souvent contre le changement proposé et essaie d'influencer les autres pour les rallier à sa cause négative.

Les phrases types de A, B, C et D

Toutes ces petites phrases que nous entendons au quotidien ne sont pas neutres, elles révèlent l'état d'esprit de nos collaborateurs. À nous de les capter et d'en tirer un enseignement et une attitude positifs.

Voici quelques exemples qui vous permettront de mieux situer vos collaborateurs.

D

– C'est toujours pareil avec la direction.

– Cette nouvelle idée doit forcément cacher quelque chose.

– Je l'avais bien dit que ça ne marcherait pas.

– Avec le salaire que j'ai, s'il faut en plus que j'apporte des idées !

– Je ne suis pas payé pour penser.

– On commence comme ça et on ne sait pas où ça finira.

– De toute façon, je ne suis pas d'accord.

– Commencez d'abord et on verra plus tard.

– C'est à notre chef de changer, pas à nous.

A

– OK, on y va.

– Ça peut être intéressant pour nous.

– Ça peut nous apprendre des choses nouvelles.

– Le client compte sur nous et c'est le plus important.

– On doit se mettre d'accord en groupe pour être tous efficaces.

– Je voudrais proposer une idée ou une solution.

– Je pense qu'il serait plus simple de procéder différemment.

C

– On va essayer.

– C'était bien mieux avant.

– À quoi bon s'agiter, de toute façon tout est déjà décidé.

– Bof ! vous savez, moi, je n'en pense rien de bien.

– Pour ce qu'on est payé, je ne vois pas pourquoi j'en ferais plus.

– Il y a dix ans que je suis là, alors ce n'est pas maintenant qu'ils vont me faire bouger.

– On a toujours fait comme ça.

– De toute façon, le client en veut toujours plus.

– Oui, oui, bien sûr, mais je n'ai pas le temps.

B

– Il faut d'abord étudier la question avant de voir si c'est possible.

– Je ne peux pas me prononcer sans étude technique.

– Mon responsable a refusé mon idée une première fois, alors maintenant j'attends.

– Je veux d'abord examiner tous les détails.

– Ce qui compte avant tout, c'est la qualité.

– Le client n'a pas à perturber notre organisation ni nos habitudes de production.

– Qu'est-ce que j'y gagne, moi, dans mon travail ?

– Ça ne sert à rien de discuter avec le groupe.

L'analyse globale de l'équipe

À partir de l'explication et des exemples des pages précédentes, il vous est maintenant possible de situer globalement vos collaborateurs dans ces quatre grandes hypothèses de comportements.

Rien ici n'a de caractère objectif, c'est entendu. C'est à partir de votre perception que vous établissez le profil de votre équipe. Nous avons néanmoins constaté qu'à partir d'une bonne connaissance de votre équipe, vous devriez pouvoir porter une appréciation fiable.

Il ne s'agit pas non plus d'une décision irrévocable de votre part, mais simplement de faire la photographie de votre équipe et de dégager son profil général à une date donnée. Nous vous recommandons d'ailleurs de faire régulièrement le point, car ce profil évolue dans le temps et avec les événements.

- **L'analyse**

Il vous suffit, dans un premier temps, de décider combien de collaborateurs vous classeriez globalement en A, en B, en C ou en D. Vous vous basez pour ce faire sur la majorité de leurs comportements.

Exemple de composition d'équipe de 22 collaborateurs.

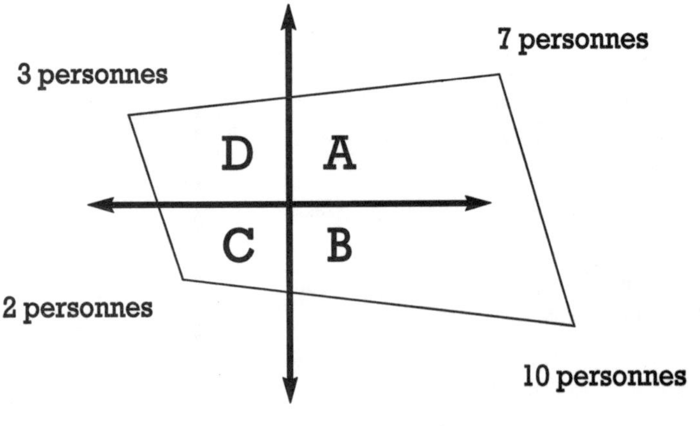

Vous pouvez décider qu'un tel est globalement en A et qu'un autre se situerait plutôt en B et ainsi de suite.

Si vous faites un ratio, vous obtenez en pourcentage le profil de votre équipe. Sur une équipe de 12 collaborateurs, par exemple.

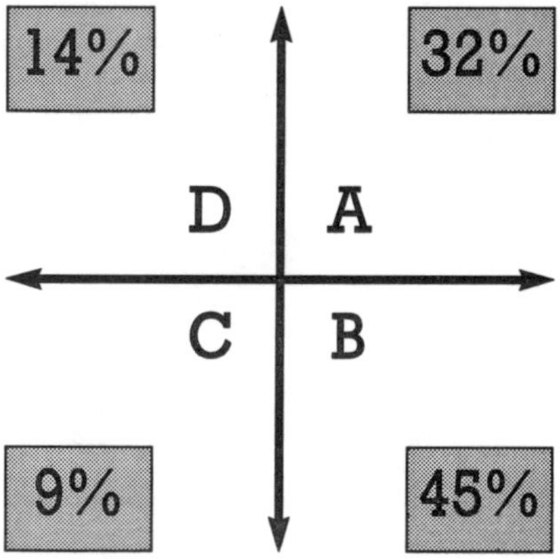

En règle générale, la moyenne des équipes sur l'ensemble des responsables ayant effectué ce travail fait apparaître une large majorité de A et B cumulés : environ 80 % (c'est avec les A et les B que le travail s'effectue). Les 20 % restant se répartissent entre les C et les D. Notre exemple est volontairement optimiste.

Ceci nous apprend que nous retrouvons généralement dans une équipe les quatre catégories, et qu'il est même illusoire de rechercher une équipe exclusivement composée de A ou de B.

Dès lors que l'équipe se compose d'une quinzaine de personnes et plus, nous avons statistiquement toutes les chances de trouver les quatre catégories. Après, la vraie question réside dans les proportions de chacun des styles.

En effet, le profil de votre équipe va largement influencer votre style de management. Une équipe composée à 80 % et plus de A et de B va tourner sans trop de problèmes et adopter un comportement global « mature » quant à sa mission.

En revanche, une équipe à fort pourcentage de C et de D va stagner, voire régresser, si elle n'est pas constamment soutenue sur le terrain par le manager. Tout ceci nous amènera à constater qu'il n'y a pas en soi de bon où de mauvais style de management, mais simplement une série de comportements adaptés ou non à la réalité de l'équipe.

À titre indicatif, l'ensemble des managers, avec qui nous avons eu l'occasion de travailler en séminaire de management depuis ces trois dernières années, se sont livrés à cet exercice d'évaluation du profil de leur équipe. Sur une population d'environ 1 400 collaborateurs de toutes provenances et de tous niveaux, la moyenne obtenue se résume au schéma ci-dessous.

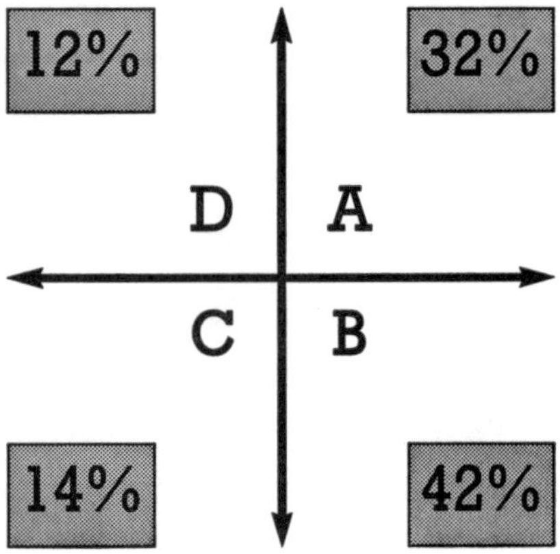

Moyenne purement indicative, bien entendu, qui ne reflète en rien une quelconque « normalité ». Nous l'avons vu, la motivation des équipes varie largement avec le contexte et les événements. Cette moyenne dégage un bon tiers de collaborateurs en A. Avec 32 %, ils ont tendance à compenser les C et les D qui, cumulés, représentent 26 %. Nous avons ici un relatif équilibre. L'équipe « tourne » essentiellement avec les A et les B qui totalisent 74 %, offrant une confortable majorité en termes de compétences.

La question de nombreux managers est de savoir de quel type de population il faut s'occuper en priorité. Nous avons généralement tendance à nous focaliser prioritairement sur les collaborateurs qui posent problèmes, en délaissant peut-être les collaborateurs motivés qui développent spontanément une autonomie. Ce serait plutôt vers eux que vos efforts devraient converger. En effet, en les laissant un peu trop seuls au profit des C et des D, vous raréfiez la reconnaissance nécessaire à leur motivation. Ils risquent, de ce fait, de « décrocher » sans que vous vous en rendiez compte. Il vous faut donc maintenir votre attention prioritairement sur les A et les B, tout en vous occupant des C et des D.

Les comportements individuels des collaborateurs

Nous pouvons aller plus loin dans l'utilisation de cet outil. Une fois que vous avez fait apparaître le profil général de votre équipe vous pouvez, moyennant la finesse de connaissance que vous avez de vos collaborateurs, affiner votre premier constat.

Nous reprenons la même grille d'analyse mais au lieu d'y placer les collaborateurs dans leur globalité, nous vous invitons à segmenter leurs comportements en catégories A, B, C ou D.

Par exemple : Pierre Dupont est plutôt positif et communiquant dans l'ensemble de ses comportements. Il se situerait donc en A dans notre première approche. Mais chaque être humain sera toujours plus complexe que toutes nos appréciations réunies. Pierre Dupont, dans sa collaboration au quotidien se comporte aussi quelquefois en B, en C et, bien sûr, en D.

Sur 100 % de ses comportements, il y en a peut-être 70 % en A, mais il se positionne en B à environ 20 % sur des points d'ordre technique, et aussi de temps à autre à 3 % en C et à 7 % en D. Son profil par rapport à notre grille se présenterait donc comme suit :

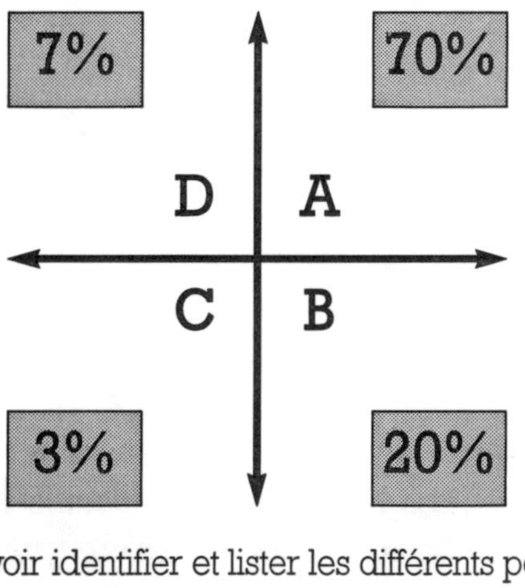

Reste à pouvoir identifier et lister les différents points de comportement qui se situent dans cette catégorie.

Continuons notre exemple : Pierre Dupont est un agent de maîtrise dans une industrie. Il a la responsabilité d'un groupe de 15 personnes. Nous constatons qu'il développe, dans son métier, de grandes qualités à la fois techniques et relationnelles, ce qui le classerait majoritairement en A.

On peut aussi remarquer que sur certains points de technique, Pierre aurait trop tendance à conserver ses connaissances. C'est son jardin secret, son territoire d'expertise dont il est fier et qu'il garde jalousement, peut-être au détriment de son équipe.

D'un autre côté, nous constatons que, sur certains travaux administratifs, Pierre « traîne les pieds », non par opposition de principe mais simplement par désintérêt. Il en fait le moins possible dans ce registre et ses tableaux de bord ne sont pas très fiables.

Enfin, Pierre cultive un point d'opposition systématique sur les groupes de qualité et les entretiens annuels d'évaluation avec son équipe. Sur ces deux points, il « bloque » bruyamment et se sent prêt à mobiliser ses collègues autour de son refus.

L'analyse de ce collaborateur peut, très schématiquement, se présenter comme suit :

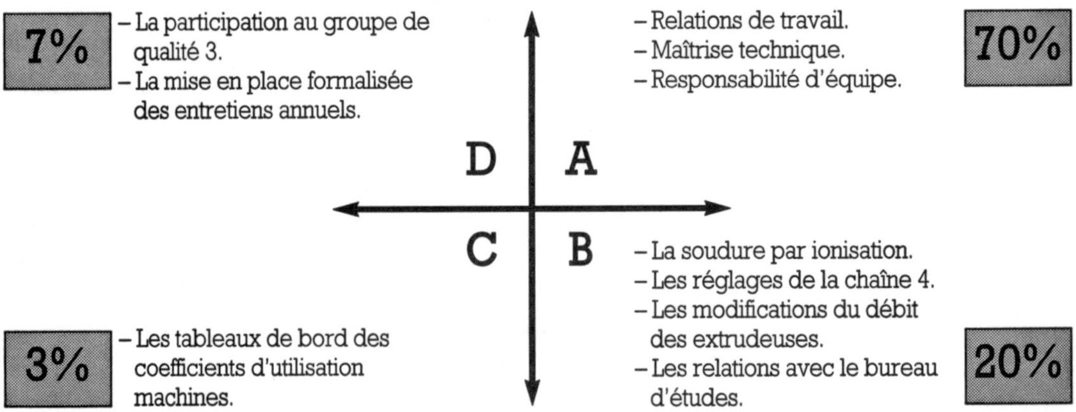

Les points relatifs au comportement A restent volontairement globaux dans cette première approche, contrairement aux éléments de B, de C et de D qui doivent, eux, être précis pour pouvoir être exploités dans un deuxième temps.

Un autre exemple : Paul Durant, en revanche, un collègue de Pierre, se situe majoritairement en D. Paul se plaît dans la plupart des situations de travail à cultiver la critique systématique de l'entreprise et en même temps de tous les changements proposés pour en améliorer ses dysfonctionnements. Il est reconnu comme le « râleur de service ». Même s'il fait à peu près bien son travail (« on ne peut rien lui reprocher » comme on dit si souvent), il freine, voire compromet certains projets importants par sa dérision et son esprit acerbe face aux collègues de son équipe.

Mais Paul possède aussi un registre de comportements en A quand il propose d'apporter des notions d'économie d'entreprise à ses collaborateurs lors des réunions hebdomadaires.

Il se situe en C quand on lui parle de rendre des comptes à sa hiérarchie ou bien dans la collaboration avec ses collègues pour la mise en place d'un système commun à toutes les équipes de comptabilisation des rebuts.

Enfin Paul se comporte en B lorsqu'il allègue que la manière dont il gère son équipe par rapport aux congés est personnelle et qu'il s'arrange directement avec ses collaborateurs.

L'analyse des comportements de Paul Durant peut se représenter ainsi :

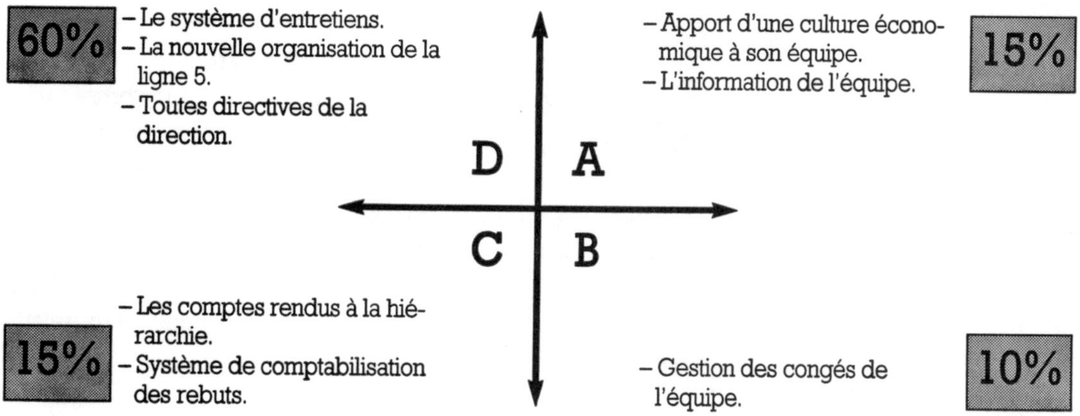

Nous pourrions continuer nos exemples pour les B et les C, mais l'important pour vous est plus d'intégrer le principe d'analyse, que de vous constituer des modèles tout fabriqués.

Vous pouvez, pour établir cette grille, soit partir des pourcentages pour en arriver aux circonstances particulières pour chaque individu, soit partir de ces mêmes circonstances pour en dégager une vision en terme de ratios.

Cette analyse vous conduit à deux grands types d'exploitation :
– vous disposerez d'une analyse détaillée, pour chaque collaborateur, des points les amenant à opter pour les comportements A, B, C et D. Vous pourrez ainsi « cibler » vos interventions par collaborateur et donc définir une stratégie adaptée et cohérente au fil des chapitres suivants ;
– vous aurez « fabriqué » un indicateur général des tendances comportementales de votre équipe : un véritable baromètre de la maturité et de la fiabilité de votre équipe. Mais tout baromètre n'est utile que si on le consulte régulièrement. Autrement dit, cette grille comportementale se doit d'être remise à jour au moins tous les six mois. Cette remise à jour vous permettra de refaire une « photographie » récente de votre équipe, et aussi de pouvoir analyser les écarts avec les grilles précédentes. Ce sera pour vous le moment de l'analyse des progressions, ou des baisses et de l'élaboration d'une nouvelle stratégie dans le management de vos collaborateurs.

La réalisation de l'analyse

Pour procéder à cette analyse, il vous suffit de prendre autant de grilles que vous avez de collaborateurs. Il est entendu qu'à ce degré de précision, vous devez seulement examiner les comportements de vos collaborateurs directs. En effet, l'expérience montre qu'il est difficile d'avoir une vision précise de plus de dix collaborateurs. Au-delà de ce seuil, des relais, en terme d'encadrement intermédiaire, sont généralement mis en place. Cela dit, rien ne vous empêche d'établir cette grille pour l'ensemble des personnes dont vous avez la charge, à condition bien sûr de bien les connaître dans leur travail au quotidien.

Maintenant c'est à vous de jouer. Nous ne saurions trop vous conseiller de faire cet investissement de réflexion et de temps. Votre travail vous sera précieux pour élaborer un plan d'actions concrètes auprès de vos collaborateurs. D'autre part, vous le savez bien, nous n'intégrons jamais aussi bien une technique qu'en l'expérimentant par nous-mêmes.

L'analyse de l'ensemble des collaborateurs se présente comme suit, avec nos exemples précédents.

Pierre DUPONT

	C	A	
3%	– La participation au groupe de qualité 3. – La mise en place formalisée des entretiens annuels.	– Relations de travail. – Maîtrise technique. – Responsabilité d'équipe.	70%
	C	**B**	
7%	– Les tableaux de bord des coefficients d'utilisation machines.	– La soudure par ionisation. – Les réglages de la chaîne 4. – Les modifications du débit des extrudeuses. – Les relations avec le BE.	20%

Paul DURANT

	C	A	
60%	– Le système d'entretiens. – La nouvelle organisation de la ligne 5. – Toutes directives de la direction.	– Apport d'une culture économique à son équipe. – L'information de l'équipe.	15%
	C	**B**	
15%	– Les comptes rendus à la hiérarchie. – Système de comptabilisation des rebuts.	– Gestion des congés de l'équipe.	10%

Pascal X

	C	A	
3%			80%
	C	**B**	
12%			5%

Et ainsi de suite pour chacun des collaborateurs directs.

Le profil de l'équipe à partir des comportements individuels

Maintenant, passons à la grille de synthèse des comportements dans votre équipe. Nous évoquions, il y a quelques lignes, le terme de photographie pour définir cette application de la grille. En effet, la somme des ratios de chaque type de comportements divisée par le nombre de collaborateurs pris en compte vous donne quasi-instantanément le profil précis de votre équipage.

Voici comment se présente cette grille en fonction de notre exemple de collaborateurs.

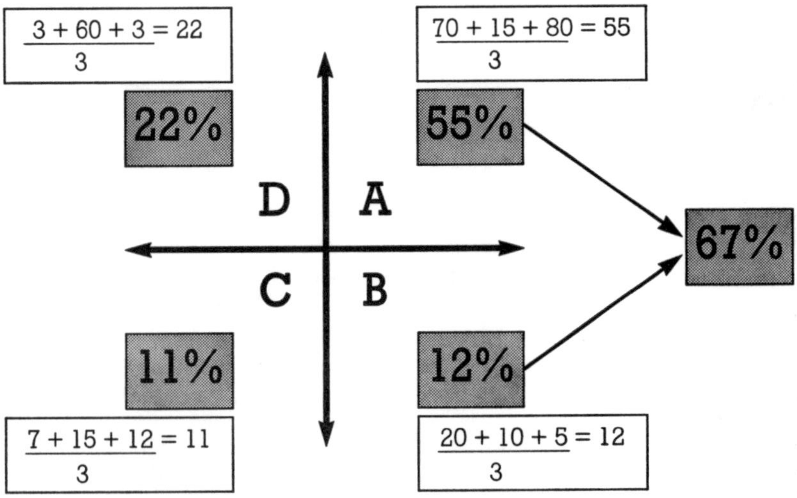

Vous avez là une vision plus claire de votre équipe, ce qui vous permet de prévoir les différents types de réactions aux changements que vous allez proposer ou imposer.

Cette vision « instantanée » faite régulièrement constitue un véritable tableau de bord des tendances et des évolutions comportementales de votre équipe.

Voilà donc la tendance de notre équipe fictive. Les 67 % du cumul de A et de B nous donnent une équipe plutôt fiable, des actions sont à envisager sur les comportements C et D.

Les fiches types de votre analyse

Mais assez d'exemples et d'explications, à vous de jouer !

L'ANALYSE DES DOMINANTES DES COLLABORATEURS

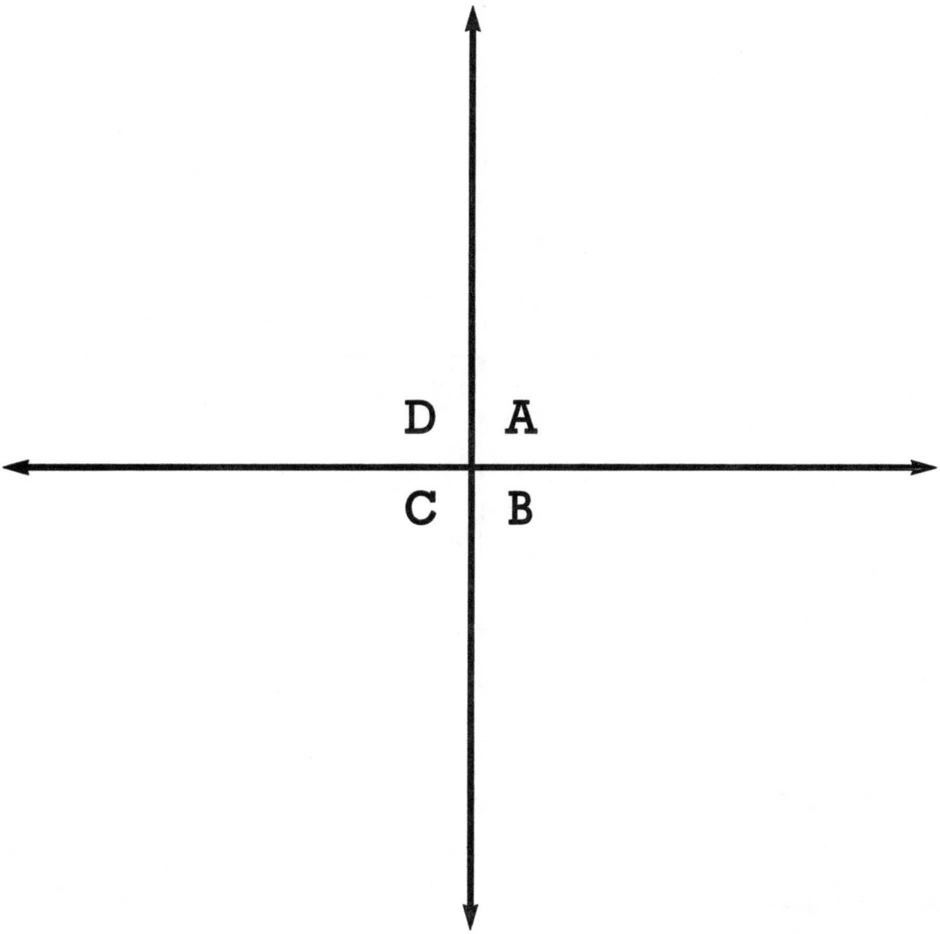

Vos commentaires

L'ANALYSE DES COMPORTEMENTS INDIVIDUELS DES COLLABORATEURS

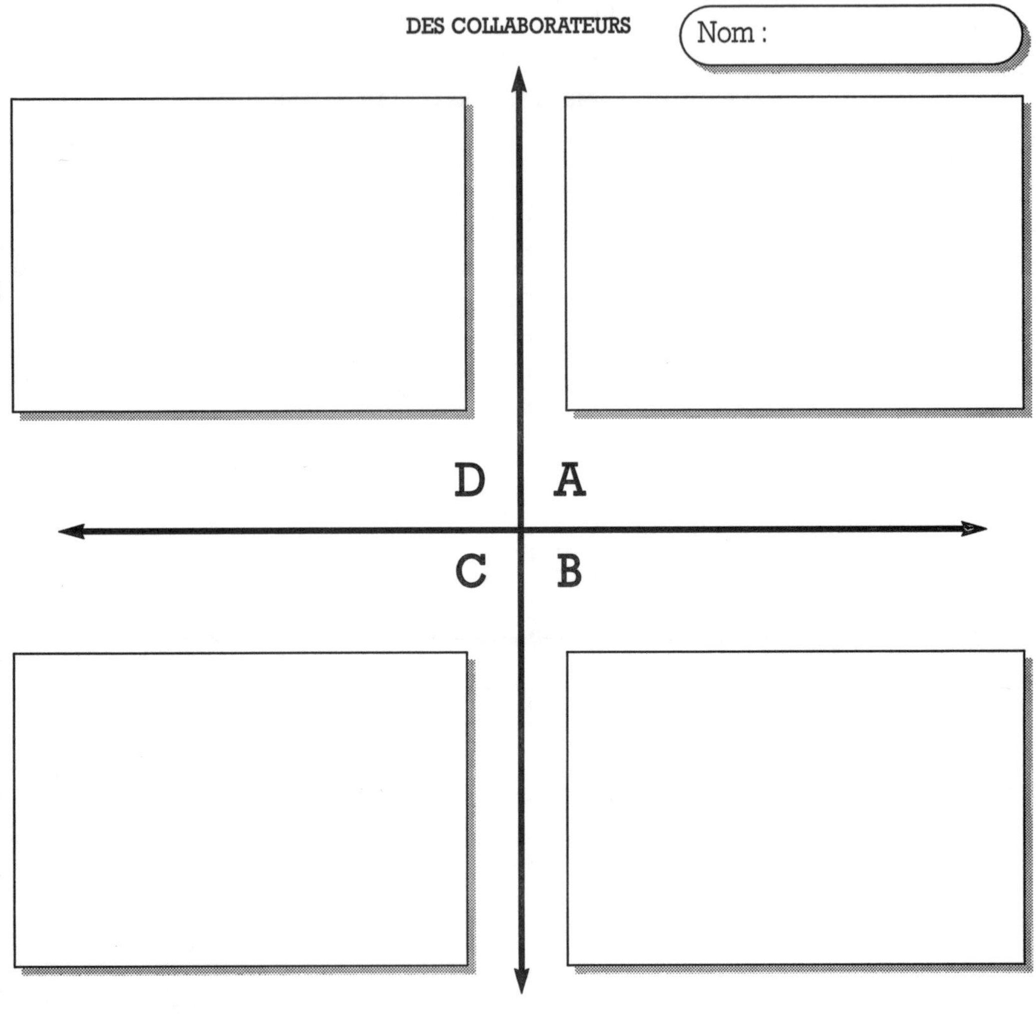

Vos commentaires

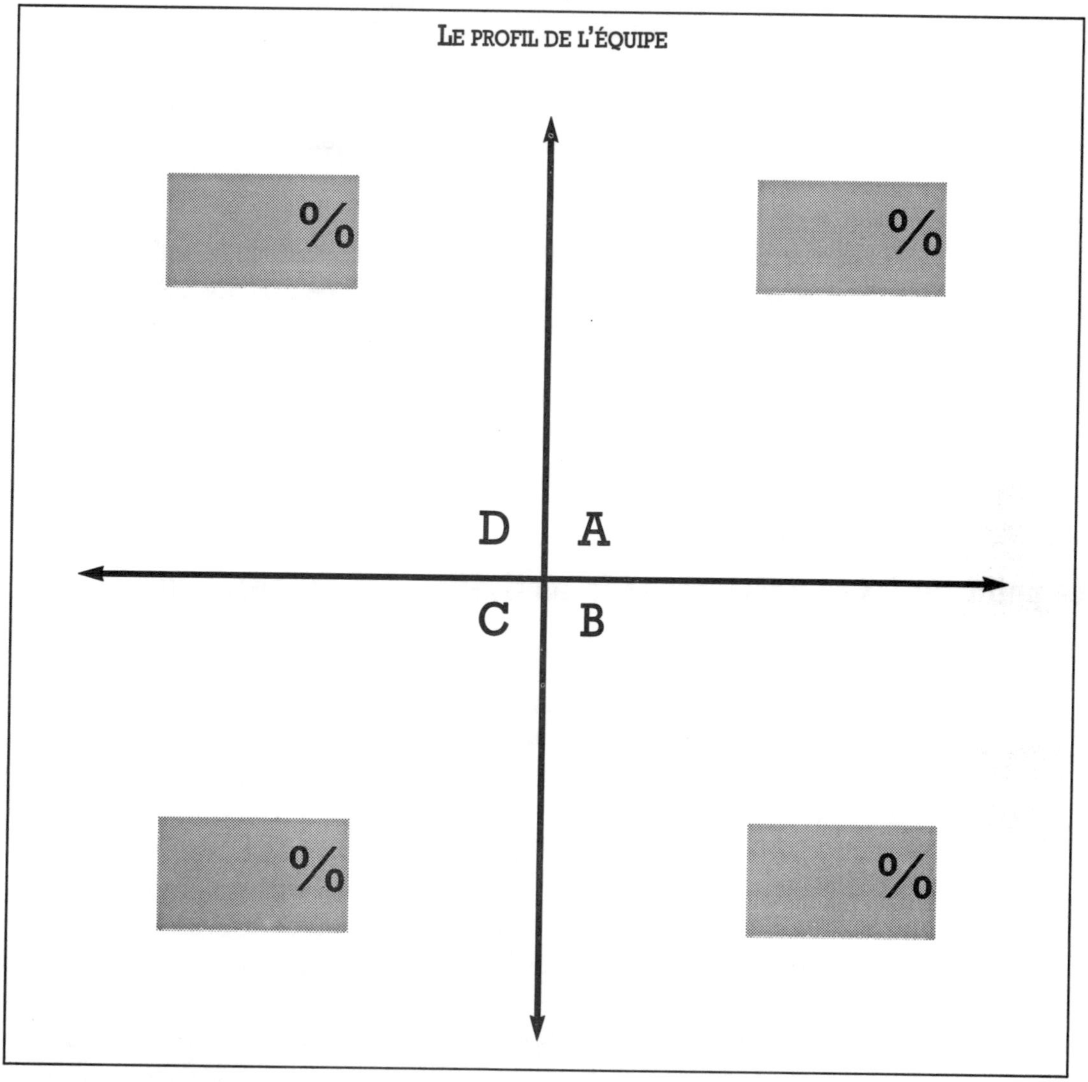

Vos commentaires

Vous avez pu, tout au long de cette partie, procéder à différents types d'analyses de vos collaborateurs et de votre équipe en général. Les grilles proposées utilisent sans doute d'autres critères que ceux habituellement utilisés. Elles vous ont peut-être permis de regarder vos collaborateurs sous un autre angle et ainsi d'enrichir votre vision de l'équipe.

Le degré de détail auquel vous soumettez votre réflexion vous apportera, d'une part une vision « rénovée » de vos collaborateurs, et d'autre part des pistes d'actions concrètes dans votre management au quotidien.

Nous vous proposons maintenant un autre outil, une autre grille, à la fois différente et complémentaire de la première.

Le point sur les compétences et la motivation des collaborateurs

■ Vous avez réalisé une première approche d'évaluation du profil de votre équipe. Vous vous êtes sans doute rendu compte de la difficulté de sortir de ses propres « catégories de pensées » à l'égard des autres et spécifiquement de ses propres collaborateurs.

Nous vous proposons maintenant d'aller plus loin dans l'analyse avec un outil similaire dans sa forme, mais très différent quant au fond. Il s'agit ici de procéder à l'analyse personnalisée et détaillée de chacun de vos collaborateurs en termes de compétences et de motivation.

Le premier instrument pour y parvenir se trouve dans la définition de poste de vos collaborateurs et plus particulièrement dans le référentiel de compétences lié au poste. Sans revenir d'une façon trop complète sur la définition de poste, largement mis en place actuellement dans les entreprises, il nous semble important de préciser en quelques lignes et exemples la nature du référentiel de compétences.

Une fois cette mise au point effectuée, nous passerons à l'analyse de vos collaborateurs à partir de ce référentiel et d'une grille simple retenant comme critères la motivation et les savoir-faire, autrement dit les compétences de chacun de vos collaborateurs.

Cette analyse a le mérite de mettre en lumière les activités concrètes, indépendamment des jugements de valeur.

L'analyse portera sur quatre grandes hypothèses :
– les activités sur lesquelles vos collaborateurs développent une motivation et une compétence ;
– les points du poste où, malgré un savoir-faire, votre collaborateur se sent moins motivé ;
– les zones où il n'exerce ni compétence, ni motivation ;
– les activités qui ne font pas encore partie de son savoir-faire mais sur lesquelles il se sent motivé.

À partir de cette grille, vous pourrez construire une stratégie de management personnalisée pour chaque membre de votre équipe en sachant précisément sur quels points vous devez :
- encourager et soutenir ;
– recadrer ;
– creuser ou redéfinir les tâches ;
– former.

Le référentiel de compétences

Nous manageons nos collaborateurs en prise directe avec la manière dont ils exercent leur fonction. Nous les motivons, de ce fait, dans leurs relations quotidiennes avec des activités précises. La première base sur laquelle se construit un management personnalisé devient donc la description de poste du collaborateur. Cette description contient les axes clés du poste qui représentent les grands domaines d'intervention du collaborateur. Ces domaines d'intervention peuvent, par exemple pour un responsable de groupe dans l'industrie, se compter au nombre de six :
- les relations humaines ;
– la sécurité ;
– la technique opérationnelle ;
– la qualité et les volumes ;
– l'administration ;
– l'équipement technique.

Dans le domaine du tertiaire, nous trouverons d'autres rubriques. Chacune de ces rubriques se décompose en actions spécifiques qui supposent pour être menées à bien quatre grands types de compétences selon les cas.

Les savoirs

C'est l'ensemble des connaissances générales ou spécialisées qu'il importe de posséder (connaissances théoriques ou langage scientifique ou technique). Ils s'expriment en termes de contenus ou d'objectifs opératoires, c'est-à-dire évaluables.

Exemples :

– les formules de calcul du dosage des résines dans le produit X ;

– les statuts juridiques des métiers de l'assurance.

Les savoir-faire

Ils concernent la maîtrise d'outils et de méthodes dont l'utilisation est nécessaire pour la bonne tenue de l'emploi. Ils s'expriment en termes de capacités observables.

Exemples :

– calculer à chaque démarrage de production le dosage des résines ;

– établir les habilitations professionnelles auprès des organismes de tutelle ;

– établir la grille des compétences et des motivations de ses collaborateurs.

Les savoir-être

Ce sont les savoir-faire sociaux. Ils sont constitués par l'ensemble des attitudes et des comportements des personnes au travail. Ils relèvent des manières d'agir et d'interagir dans l'environnement. Ces manières, essentiellement liées aux métiers, s'apparentent aux qualités d'être d'un individu en adaptation avec son environnement.

Exemples :

– capacité à faire adhérer ; relation avec les organismes extérieurs et les différents interlocuteurs du groupe ;

– esprit de curiosité ; recherche d'explication, comprendre le pourquoi des choses ;

– capacité d'écoute ; se rendre disponible aux propos de ses collaborateurs sur le terrain.

Les savoir-apprendre

Ce sont les capacités d'apprentissage et d'acquisition de connaissances nouvelles pour faire face aux évolutions profondes et rapides des métiers et des emplois.

Exemples :
– lectures professionnelles ; photocopies d'articles de presse relatifs au domaine d'activité ;
– cursus de perfectionnement ; stages intra ou inter-entreprises ;
– production de la fiche procédure : participation à l'élaboration et mise à jour de la fiche process.

Ces quatre grands types de compétences, une fois reliées aux spécificités du poste, constituent le référentiel à partir duquel le manager et le collaborateur peuvent réfléchir sérieusement. C'est à ce moment qu'intervient notre grille.

Nous partons, comme pour les précédents schémas, de quatre hypothèses. Ces hypothèses sont construites à partir de deux critères : la motivation et la compétence, deux termes clés pour le manager, constituant le filtre par lequel le référentiel de compétences peut être analysé. Chacun des points analysés devra trouver un écho dans des exemples concrets issus du terrain. Sans ces faits, le manager se trouve condamné à n'émettre que des impressions et des sentiments, au détriment des seuls jugements de réalité à faire valoir dans ce type d' analyse.

Nous vous proposons dans un premier temps d'explorer le contenu de ces quatre hypothèses. Nous plaçons en abscisse les **compétences**, et en ordonnée les **motivations**. Chaque axe va du plus vers le moins, pouvant ainsi être gradué. La motivation s'exprime ici en terme de vouloir, de bonne volonté, la compétence en terme de savoir, en référence aux différents types de savoir exposés plus haut.

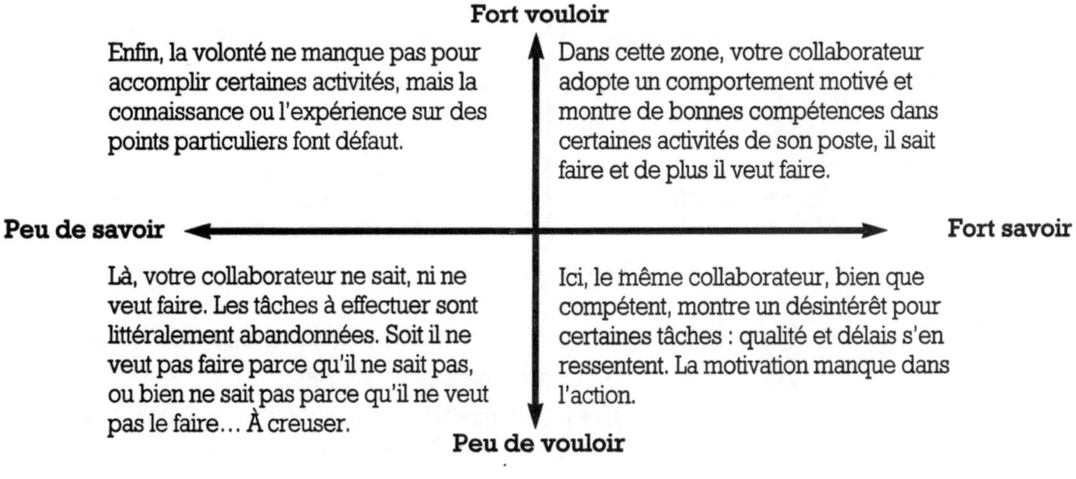

Le terme savoir s'applique ici au registre professionnel, il s'agit de connaissances liées au métier du collaborateur. D'autre part, « peu de savoir » ne signifie nullement incompétence totale du collaborateur, mais simplement un manque d'expérience sur un point nouveau, ou un manque de connaissances.

Nous avons tous, dans notre métier des points dans ces quatre parties, la question est de savoir en quelles proportions. Personne, ou en tout cas très peu de professionnels peuvent prétendre pouvoir classer la totalité des activités liées à leur mission dans la zone « fort vouloir, fort savoir ». Il leur manquerait au moins une chose en « fort savoir » : le sens de l'humilité.

Comme nous, nos collaborateurs ne sont pas parfaits. Jusque-là rien d'anormal, mais nous n'assumerions pas notre mission si nous ne leur permettions pas de progresser, tant en termes de compétences que de motivations. Encore faut-il identifier clairement sur quels points il nous faut agir. C'est l'objet même de cette grille.

Voici un court exemple qui vous permettra de mieux saisir le fonctionnement de cette grille : un chef de groupe dans un atelier.

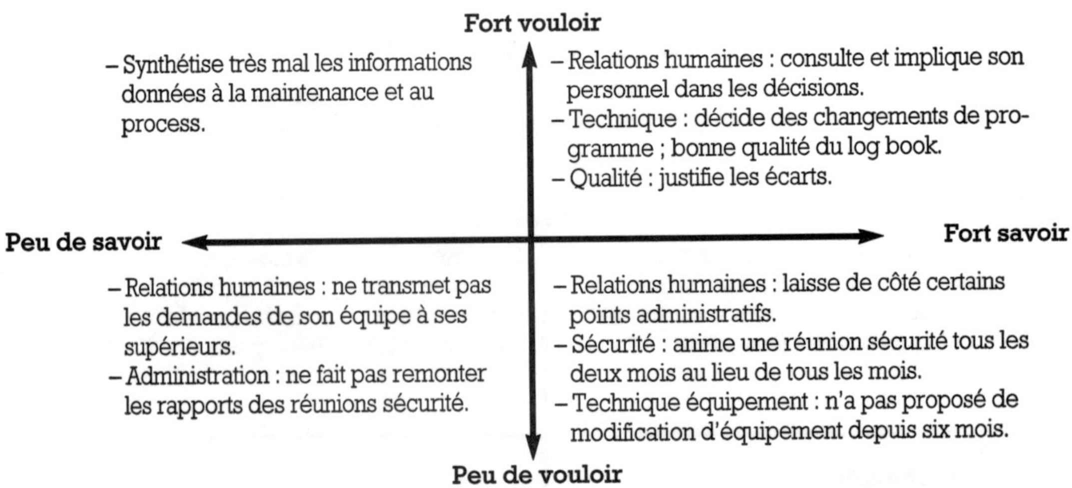

Cette analyse peut s'effectuer seul ou avec le collaborateur intéressé. Dans chacune des quatre hypothèses le manager agit différemment :
– **« fort vouloir et fort savoir »** : il encourage, félicite, soutien, cherche à mettre évidence le pourquoi de la réussite ;

– **« fort savoir et peu de vouloir »** : il recadre, c'est-à-dire qu'il signifie clairement à son collaborateur qu'il ne peut accepter que ces activités ne soient pas correctement réalisées ;
– **« peu de vouloir et peu de savoir »** : il creuse et cherche les causes d'un tel désinvestissement, si son collaborateur ne sait pas parce qu'il ne veut pas, ou bien s'il ne veut pas parce qu'il ne sait pas. Dans la première hypothèse on retombe sur un problème de motivation et dans la deuxième sur une question d'apprentissage de ce savoir et donc de formation ;
– **« peu de savoir et fort vouloir »** : il définit les points concrets du manque de savoir et met en place la formation appropriée.

Ce travail d'analyse se concrétise par un tableau reprenant les décisions prises par le collaborateur et son manager, tableau à partir duquel un suivi des actions correctives peut se mettre en place. Nous vous proposons ci-dessous un modèle dont vous pourrez vous inspirer.

Axes	Activités	Actions envisagées	Moyens	Résultats	Quand	Date de suivi

Cet exercice avec son collaborateur peut ressembler à s'y méprendre à l'entretien d'évaluation ou d'appréciation classique tel qu'il se pratique déjà dans la majorité des entreprises. L'entretien se fait une fois par an, alors que cette analyse s'opère plusieurs fois dans l'année si l'on tient compte des suivis. De plus, ce type de travail n'aborde que l'aspect professionnel de la vie du collaborateur dans l'entreprise. Nous ne traitons ici que les points directement liés au poste et au métier du collaborateur, et le plus rapidement possible. Mais rien n'empêche, bien évidemment, de se servir de ce travail lors de l'entretien annuel d'évaluation.

La grille « vouloir/savoir » permet aux managers d'établir un autre profil de leur équipe, plus centré sur le professionnalisme. Durant les deux dernière années, 94 et 93 (les dates sont importantes pour contextualiser les résultats), sur 1 400 collaborateurs de tous secteurs, nous avons dégagé les chiffres suivants :

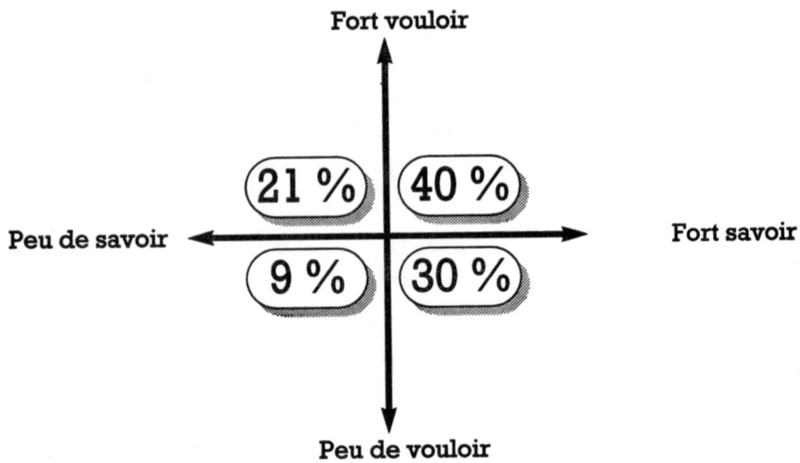

Ce profil d'équipe ne vous donne qu'un point de comparaison avec les résultats de votre propre équipe que nous vous invitons à réaliser sur la grille suivante qui vous est réservée.

L'ANALYSE DES COMPÉTENCES ET DES MOTIVATIONS DE MES COLLABORATEURS

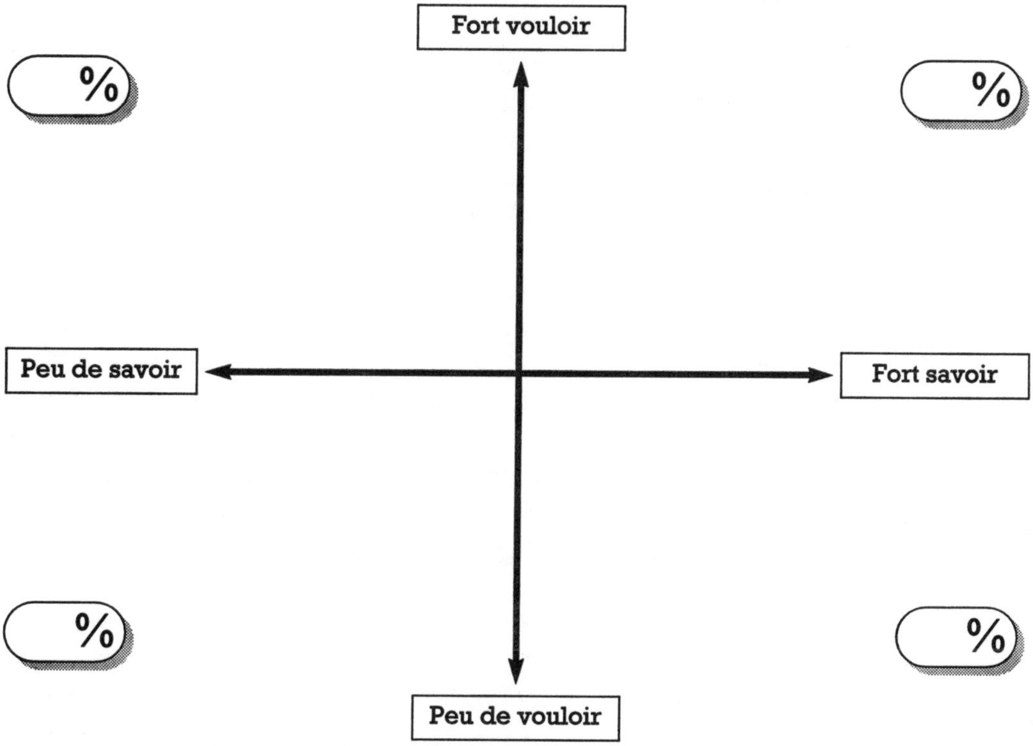

Axes	Activités	Actions envisagées	Moyens	Résultats	Quand	Date de suivi

Diriger une équipe suppose donc une qualité d'attention toute particulière. Ici, l'intention, même bonne, ne suffit pas. Il faut un outil, un fil conducteur nous permettant de creuser, d'enrichir notre perception première. L'habitude, la routine nous empêchent le plus souvent de dépasser nos manières de penser et nos manières de faire. Quand « ça ne va pas si mal », on ne perçoit plus comment faire mieux.

Revisiter avec un regard neuf les potentialités de notre équipe par une analyse globale, suivie de l'analyse des comportements individuels de chacun de nos collaborateurs, peut nous offrir la possibilité de réenvisager notre perception et de ce fait, guider notre action au plus près des réalités des membres de l'équipe.

En règle générale, nous portons tous un jugement sur nos collaborateurs et sur la qualité de leur travail. Ces jugements, conscients ou inconscients, influencent inévitablement nos comportements à leur égard. La question est de savoir s'ils sont justes et adaptés. Il y a quelque temps, un manager me faisait part de sa déception, voire de sa colère envers son supérieur hiérarchique qui lui avait adressé une remarque très négative en public. Malgré les bons résultats et la qualité d'investissement de ce manager, son supérieur s'était focalisé sur un point de détail négatif. Il subordonnait sur le moment et quasi-exclusivement son jugement global à une simple contrariété. Son collaborateur a ressenti cette remarque comme une injustice et un mépris de la qualité générale de son travail. Il se sentait découragé, presque démotivé. La remarque du supérieur, même fondée, s'avère, dans cette situation, déplacée. Elle ne tient pas compte de la contribution globale du collaborateur et se transforme en maladresse. Un outil simple comme la grille « vouloir/savoir » aurait permis au supérieur hiérarchique de pondérer son jugement et d'adopter une attitude mieux adaptée à la réalité de son collaborateur. Nous ne pouvons pas manager nos collaborateurs à partir de nos seules perceptions !

L'analyse constitue la première étape de l'action. Il reste maintenant à choisir son style de management en adéquation avec les caractéristiques de notre équipe et les comportements de nos collaborateurs.

Les « styles de direction » ainsi que les « quatre cartes du manager » vont nous aider à mieux définir nos propres comportements et leurs répercutions sur notre équipe. L'efficacité du management au quotidien se trouve naturellement à la croisée de notre style de direction et des comportements de l'équipe.

4. Les styles de management

Nos comportements sont souvent liés à notre vision de la situation. « Si j'ai agi comme ça, c'est parce que, sur le moment, je ne voyais pas comment faire différemment. » Ce manager, regrettant un ordre trop sèchement lancé, comprend après coup sa maladresse. Cela pourrait très bien être le manager de notre précédent exemple. En matière de management, comme dans beaucoup d'autres situations, nous gagnons toujours un temps précieux en « faisant bien du premier coup ». Rattraper va nous coûter cher en temps et en énergie, pour un résultat toujours improbable. Démotiver un collaborateur reste, quoi qu'on en dise, un acte grave, pour lui qui se voit privé d'une ressource importante pour sa vie dans l'entreprise, et pour le manager qui, en allant à l'encontre de sa raison d'être, se discrédite auprès de son équipe et amenuise ses chances de réussite.

Le professionnalisme du manager consiste à évaluer la situation et l'attitude de ses collaborateurs pour choisir le style de comportement le mieux adapté. Encore faut-il prendre conscience de ces différents styles pour mieux les maîtriser.

Ce chapitre vous propose de décliner les comportements types du manager en les analysant sous différents critères essentiels dans le quotidien de tout responsable, et en réfléchissant à leurs conséquences sur l'équipe. Nous nous référerons à deux modèles classiques du genre : la théorie de Blake et Mouton dans les deux *Dimensions du management* et *Les Styles d'animation hiérarchique* d'Hersey et Blanchard.

Vous pourrez ainsi définir vos propres stratégies en relation avec votre diagnostic de l'équipe et utiliser les schémas de communication adaptés à chaque style. Les données chiffrées, résultant de la moyenne des scores des managers rencontrés en séminaire, vous permettront de réfléchir sur une base de comparaison à titre indicatif.

La grille du management

■ Manager, nous l'avons vu, c'est faire du résultat avec des hommes. Cette double exigence, résultat et satisfaction de l'équipe, requiert de la part du manager une habileté centrée sur la pertinence de ses comportements dans l'ensemble des situations de management auxquelles il se trouve confronté. Pour y voir plus clair dans la diversité des comportements possibles, nous vous proposons une grille construite à partir de cette double dimension : les hommes et les résultats.

Nous placerons en abscisse la dimension du résultat. Le résultat peut être entendu comme une préoccupation de l'atteinte des objectifs, de la productivité et de la rentabilité de l'entreprise, autrement dit tout ce qui relève de l'intérêt pour l'entreprise. L'ordonnée représentera la dimension des hommes, c'est-à-dire l'intérêt pour l'équipe avec ses motivations, ses humeurs, ses émotions, ses déceptions et ses espoirs. Chaque axe peut se diviser en neuf graduations qui nuancent les différents degrés d'intérêt que le manager peut avoir pour chacune de ces deux dimensions.

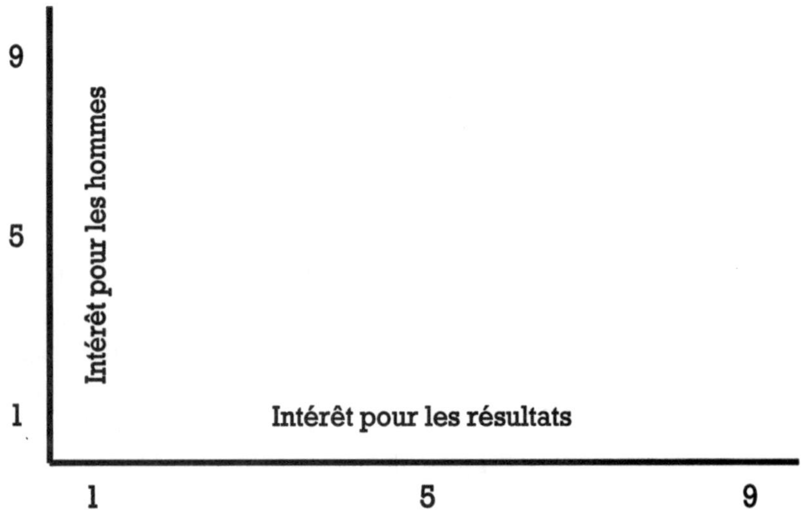

Au total, il y a quatre-vingt-une positions possibles sur cette grille. Nous n'explorerons que les cinq principales et extrêmes : positions 9/1, 1/9, 1/1, 5/5 et 9/9.

Ces positions se situent sur la grille de la façon suivante :

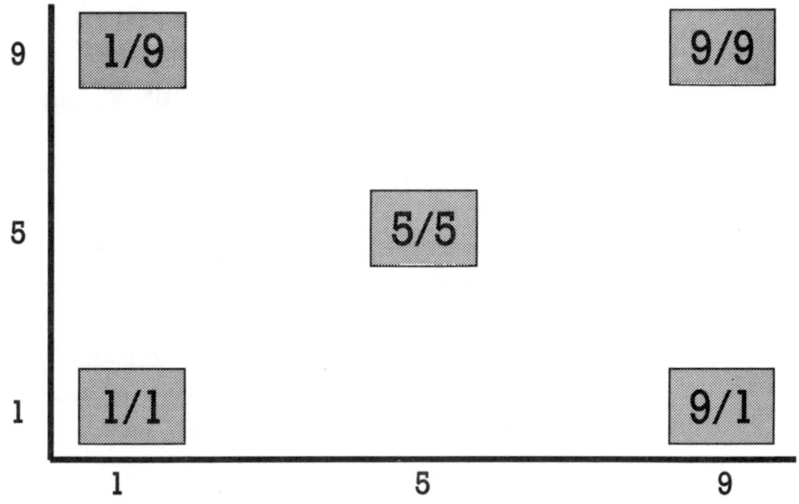

• La position **9/1** situe un type de comportement exclusivement dominé par un intérêt extrême pour la production et les objectifs au détriment des hommes.

• La position **1/1** situe à l'extrême un comportement centré sur l'intérêt minimal à la fois pour la production et pour l'équipe.

• La position **5/5** se caractérise par un intérêt moyen pour les deux dimensions.

• La position **9/9** donne un intérêt maximum, tant à la production qu'à l'équipe.

Les éléments, qui nous font opter pour l'un ou l'autre de ces comportements dans une situation donnée, sont de trois ordres :
– notre personnalité, à savoir notre système de croyances, nos perceptions de la situation, nos motivations, et nos ressources sur le moment ;
– la situation à laquelle nous nous trouvons ponctuellement confrontés ;
– le type d'organisation qui nous environne.

Nos comportements sont, bien entendu, plus nuancés que ces positions un peu extrêmes, mais elles nous servent de points de repère pour mieux cerner nos tendances ainsi que les différentes manières dont nous réagissons au quotidien.

Nous vous proposons d'analyser ces cinq positions et de découvrir pour chacune d'elles les motivations qui président à ce type de comportement, le système de croyances sous-jacent qui s'y rattache, les caractéristiques et les possibles ressorts cachés d'un tel comportement. Dans un deuxième temps, nous passerons au crible les illustrations de ce style à partir de six critères clés du management :
– l'organisation ;
– les hommes ;
– les conflits ;
– l'information et la communication ;
– les objectifs ;
– les suggestions de ses collaborateurs.
Enfin nous analyserons les conséquences de chacun de ces styles à la fois pour l'entreprise et pour l'équipe.

Le style 9/1

Il se traduit par un fort intérêt pour la production et un faible intérêt pour les hommes.

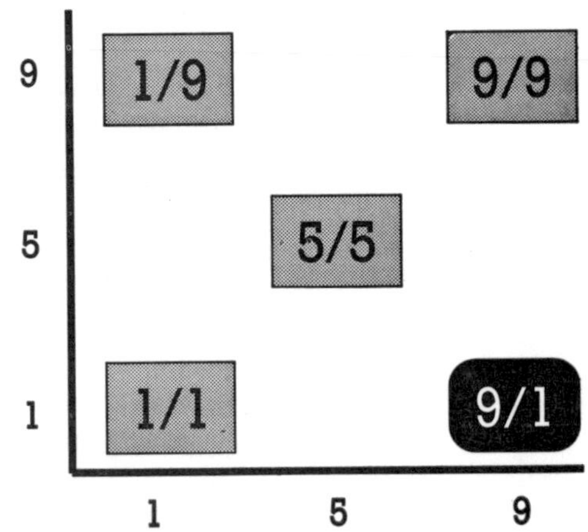

Les motivations du 9/1

Le manager s'accomplit en s'affirmant, en s'imposant aux autres. Sa méthode se résume à « marche ou crève » ou « si tu n'es pas content, il y en a dix dehors qui ne demandent qu'à prendre ta place ». Il commande de façon autoritaire, sans discussion possible.

Les croyances qui animent un comportement 9/1

Instinctivement, les hommes répugnent au travail ; il faut donc bien les forcer. Ils ne mettent pas leur intelligence à contribution dans le cadre de leur travail ; le chef organise donc tout, pense, et décide pour eux. Ils n'aiment pas prendre de responsabilités ; on doit, en conséquence, les prendre à leur place. De plus, ils ne cherchent que la sécurité ; il faut bien prendre les risques pour eux.

Les caractéristiques du 9/1

Il a une incapacité à motiver chaque membre de l'équipe. Il est habité par une préoccupation personnelle fondamentale : s'affirmer par les résultats conquis par sa seule initiative. Il domine. Sa décision est personnelle et il l'impose, il veut soumettre les hommes et les situations aux buts qu'il s'est fixés.

Les ressorts cachés du 9/1

La peur de ne plus être indispensable, de se trouver dépassé par les autres. Peut-être aussi la peur de l'échec, il fait tout pour être sûr que cela sera bien fait, comme il le veut. La peur de ne pas atteindre les résultats qui, pour lui, sont au centre de sa vie professionnelle. Toutes ces peurs, voire ces angoisses s'illustrent par un comportement tyrannique. Il reste que le 9/1 ressent un besoin permanent de s'affirmer vis-à-vis des autres et de lui-même.

Les illustrations du comportement du 9/1

• **L'organisation :** Je planifie, je répartis les tâches, je définis les méthodes, je critique, je contrôle, je veux une uniformité, celle que j'ai choisie, dans l'action de tous.

• **L'équipe.** Mes collaborateurs n'ont pas à penser mais à exécuter. Ils sont des outils de la production. J'ai toute autorité sur mon équipe, je ne supporte pas les plaintes. Pas question de déléguer, sinon des tâches très définies. C'est à moi de conserver le pouvoir et de décider pour atteindre les objectifs fixés.

• **Les conflits.** Ils sont réprimés par la force, toute tentative de contestation est étouffée dans l'œuf. Accepter le conflit serait accepter l'insubordination ; je suis le chef, donc j'ai raison. D'ailleurs, toute réconciliation entre les intérêts de l'entreprise et les intérêts de l'équipe est radicalement impossible, il n'y a dès lors pas d'autre solution que d'imposer.

• **L'information et la communication.** Les communications sont formelles, du haut vers le bas, et minimales. Je transmets mes directives et mes décisions. Mes subordonnés me font un rapport succinct de leur activité, je les juge et je réagis. Il est très dangereux d'avoir des subordonnés qui s'entendent trop bien entre eux, ils pourraient faire des clans et semer la pagaille. Dans leur travail, il faut tout leur expliquer.

• **Les objectifs.** Ils sont décidés par la hiérarchie et imposés par le chef aux collaborateurs. Aucune participation ni discussion n'est possible, ce sont les objectifs, un point c'est tout.

• **Les suggestions des collaborateurs.** Elles ne sont pas encouragées, à peine tolérées à l'occasion, si elles arrangent la production. Il y a une boîte à idées à côté de la pointeuse.

Les conséquences du style 9/1

Les collaborateurs se sentent frustrés, apathiques, indifférents, ils subissent. Le 9/1 crée lui-même la soumission et le désintérêt de l'équipe. Il sous-emploie les capacités de chacun, c'est une perte pour les individus mais plus encore pour l'entreprise, tant au niveau du résultat que du dynamisme.

Le style 1/9

Il se traduit par un intérêt élevé pour les hommes et un intérêt faible pour la production.

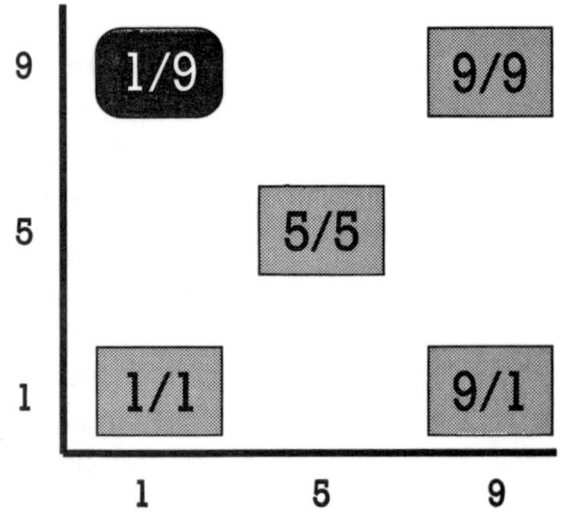

Les motivations du 1/9

Il veut se faire accepter par les autres, il cherche à être approuvé à tout prix. Être rejeté par les autres est pour lui une terreur perpétuelle.

Les croyances qui animent un comportement 1/9

Il pense que les contraintes imposées au personnel ne peuvent que susciter des résistances de sa part. « Harceler le personnel, à quoi bon ? il n'en travaillera pas mieux pour autant. » L'essentiel, pour le 1/9 est de maintenir un climat amical, en accordant de bonnes conditions de travail, même si la production en souffre. Il ne croit pas que l'équipe va se « défoncer » pour gagner, lui non plus d'ailleurs.

Les caractéristiques du 1/9

Il a le souci d'une harmonie universelle. Réussir, pour lui, consiste à se rassurer quant à sa crainte d'être critiqué par les autres. Il veut que l'on dise « c'est un bon chef, il est gentil ». Il a donc peur de s'imposer, il faudrait qu'il se fasse violence pour donner un ordre. Il subit de ce fait sa perception de l'opinion des autres, ses décisions s'y réfèrent constamment. Il veut sans cesse conformer son comportement à ceux des autres et se sent souvent en porte à faux quand il veut plaire à tout le monde, que ce soit à son équipe ou à sa hiérarchie.

Les ressorts cachés du 1/9

La crainte permanente d'être mis à l'index. Le 1/9 ne peut vivre qu'avec l'approbation d'autrui.

Les illustrations du comportement du 1/9

• **L'organisation.** Il ne formule pas d'exigence précise, il indique plutôt les lignes directrices d'un air gêné. Il répugne au contrôle, sous le couvert de la confiance, il néglige les suivis. Il laisse la liberté d'action aux collaborateurs, sans se préoccuper de leur productivité.

• **L'équipe.** Le 1/9 cherche l'adhésion du groupe, une grande famille dont il serait l'aîné. Il a le souci des conditions de travail agréables. Les exigences de la production sont, de son point de vue, excessives. Il veut apporter son aide et son soutien au personnel, ce qui l'amène parfois à accomplir une tâche à la place de ses collaborateurs pour gagner ainsi leur sympathie et leur dévouement. Il cherche à persuader : « Faites-le au moins pour moi, pour me faire plaisir. », « Je vais avoir des problèmes avec ma hiérarchie si vous renâclez. ». « Je sais bien que ce rythme est difficile, vous avez raison, mais c'est la direction qui nous l'a imposé. » Sa réaction est celle de ses collaborateurs, il se sent si proche d'eux qu'il en oublie son rôle et sa mission de management. Pour se faire accepter, il faut, pense-t-il, être avant tout compréhensif.

• **Les conflits.** Le 1/9 est l'homme de la conciliation. Il cherche à tout prix à aplanir le conflit ou la tension par la persuasion, mais ne résout rien pour autant. Il enterre, il camoufle, il minimise, il fait comme si de rien n'était en espérant secrètement que le temps finira par tout arranger. Il en appelle aux sentiments pour permettre à nouveau l'entente, en attendant que rejaillisse le conflit toujours non réglé. Il pense que détendre l'atmosphère est le plus important même si les vrais problèmes demeurent, d'où le développement des commérages et des rumeurs. Il refoule les problèmes par la douceur, le charme, le sourire, et les laisse pourrir.

• **L'information et la communication.** Les communications sont avant tout informelles, nombreuses, verticales et horizontales. Le 1/9 a tendance à minimiser, voire dissimuler, les difficultés avec sa hiérarchie pour éviter les controverses : « Ne créons pas de causes de conflit… ».

• **Les objectifs.** Il donne la priorité à une ambiance agréable et un confort des conditions de travail. Il estime que chacun doit se fixer des objectifs généraux. « Ils sont assez grands », tant pis pour la précision. Le contrôle est quasi-inexistant de par l'imprécision des objectifs, on emploie beaucoup de mots et peu de chiffres.

• **Les suggestions des collaborateurs.** Il écoute et n'agit pas. Il attend que les autres appliquent, ensuite il se conforme pour ne pas être différent.

Les conséquences du style 1/9

Dans un milieu concurrentiel, le style 1/9 contribue à la perte de l'entreprise pour quatre raisons au moins :
– le peu d'innovation qu'il suscite ;
– le prix de revient élevé dû à la faible productivité ;
– la démobilisation des équipes par la perte du but collectif ;
– la non-résolution des problèmes humains qui entraîne la fragilisation de l'équilibre des équipes.

Le style 1/1

Il se traduit par un faible intérêt pour la production ainsi que pour les hommes.

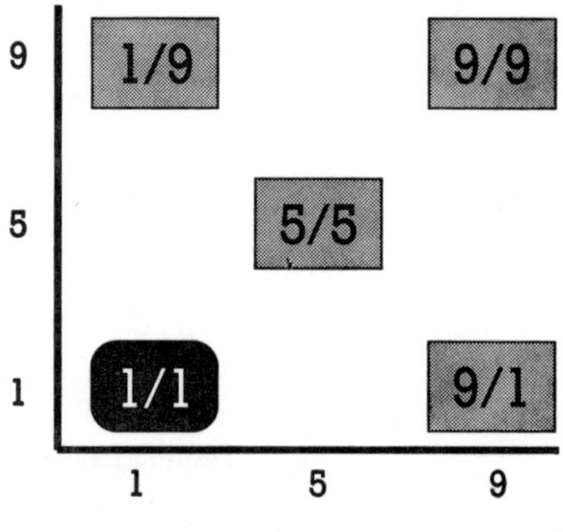

Comme le 9/1, et le 1/9, il pense que les intérêts de la production et du personnel sont antagonistes. Mais, à la différence des deux premiers styles, il ne tranche pas, il résout le dilemme par la démission : l'indifférence lui paraît être la seule solution.

Les motivations du 1/1

Son ambition se limite à survivre dans l'entreprise ; il faut durer jusqu'à la retraite (même si elle n'arrivera que dans quinze ans). Il se contente de faire le minimum pour toucher son salaire et profiter des avantages sociaux. Pour lui, c'est « l'apathie d'adaptation » dans les habitudes et la routine. C'est parfois aussi « l'apathie de défense », par le refus de s'engager pour avoir la paix. Ses motivations actuelles, essentiellement centrées sur la sécurité, peuvent résulter d'initiatives mal acceptées par un chef 9/1 ou par une déception quant à une promotion. Il se renferme dans sa coquille ou se camoufle derrière des piles de dossiers. Il fait semblant d'être débordé pour qu'on le laisse tranquille.

Les croyances qui animent un comportement 1/1

Prendre des initiatives n'attire que des ennuis, mieux vaut donc se tenir à l'écart. « Pour vivre heureux, vivons cachés ! » « L'entreprise n'obtiendra rien de moi. » « Dans ces périodes troublées, mieux vaut se faire discret et se tenir en retrait. »

Les caractéristiques du 1/1

Faire juste ce qu'il faut pour ne pas avoir de problème. Appliquer le règlement et les directives, un point c'est tout.

Les ressorts cachés du 1/1

Sans doute un regret profond, une frustration. La grande majorité du personnel aspire à assumer des responsabilités à quelque échelon que ce soit, alors pourquoi ce comportement 1/1 ? Par peur d'échouer ? Par manque d'encouragement et de soutien ? Par crainte de sanctions ou de fâcheuses conséquences ? Parce qu'il a été brimé, parce qu'il n'ose pas ou n'ose plus ? Beaucoup d'hommes et de femmes, ainsi frustrés dans leur travail, redécouvrent le plaisir des initiatives à l'extérieur de leur poste ou de leur entreprise. Ils deviennent président d'une association sportive, par exemple, pour compenser la frustration ressentie dans leur travail. Ils revivent à l'extérieur de l'entreprise. À l'intérieur, ils sont juste présents physiquement.

Les illustrations du comportement du 1/1

• **L'organisation.** Il répartit les tâches et laisse ensuite chaque collaborateur se débrouiller dans son coin. Il pratique la fausse délégation ou « délégation abandon ». C'est en fait une véritable démission.

• **L'équipe.** Il ne cherche pas à s'imposer ni à obtenir la sympathie de son équipe ; il transmet scrupuleusement les ordres. « On me donne une directive, je transmets la directive, point final. » « S'ils ne font pas leur travail, que vous voulez que j'y fasse ? » Nous l'appelons aussi le « manager facteur », car il se cantonne à transmettre et à distribuer les ordres, les objectifs, et les consignes.

• **Les conflits.** Il évite tout conflit. En cas de tensions persistantes, il demande l'intervention de son supérieur. Il évite dans ce genre de situation de prendre position et de se mettre en avant.

• **L'information et la communication.** Elles se trouvent réduites au strict minimum. Le 1/1 s'isole dans les réunions, derrière des dossiers compliqués pour faire au maximum l'économie de la relation avec son équipe : « On ne le voit jamais, il est toujours occupé. »

• **Les objectifs.** Il ne les fixe pas, ainsi pas de contrôle à effectuer. Il n'a qu'un seul objectif, mais personnel : la paix dans son coin.

• **Les suggestions des collaborateurs.** Il prend une attitude indifférente et passive. Il décourage n'importe qui d'avoir la moindre idée nouvelle (lui-même n'a-t-il pas été découragé naguère ?).

Les conséquences du style 1/1

Comment imaginer qu'une entreprise soumise à la concurrence puisse garder de nombreux 1/1 ? Elle irait irrémédiablement à sa perte.

Le style 5/5

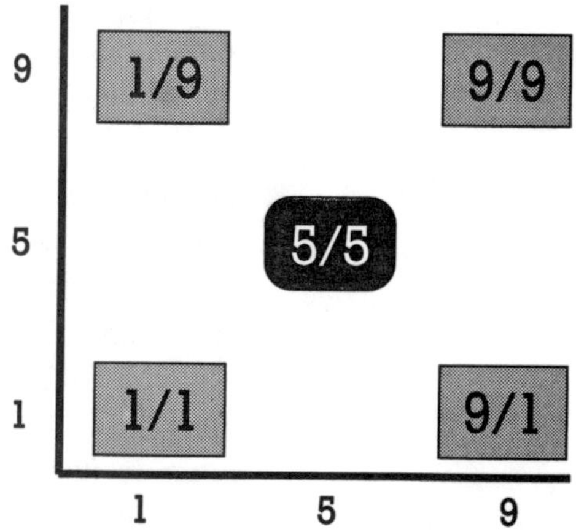

Il se traduit par un intérêt moyen pour la production et les collaborateurs.

Comme les autres styles, il pense qu'il y a opposition radicale entre les objectifs de l'entreprise et ceux des hommes. La solution ne peut dès lors passer que par le compromis : une solution intermédiaire qui satisfait partiellement les deux parties. Il obtient donc une production « acceptable » par un effort « acceptable » du personnel.

Les motivations du 5/5

Le besoin de sécurité est à la base de son comportement. Il répugne aux choix catégoriques, aux opinions tranchées, aux initiatives sans précédent. Par peur d'être mal jugé ou désapprouvé, il préserve sa sécurité dans le respect de la tradition et des habitudes : il est traditionaliste. Il ne prend pas de parti tranché, il s'en tient à des solutions moyennes, raisonnables, par désir d'être approuvé et de ne pas provoquer de remous importants.

Les croyances qui animent un comportement 5/5

Pour lui, le monde n'est fait que de la coexistence d'intérêts opposés. Il est impossible selon le 5/5 de plaire à tout le monde et donc de satisfaire pleinement les exigences de production ainsi que celles des collaborateurs. « Il n'y a pas de solution idéale, tout est en équilibre instable ». Pour lui, il est dangereux de ne satisfaire qu'un seul des intérêts en conflit, seule est viable la solution du juste milieu. C'est dans le compromis que se trouve la solution.

Les caractéristiques du 5/5

La solution idéale n'existant pas, il se sent contraint de choisir la moins mauvaise en « coupant la poire en deux ». Homme du juste milieu, du point d'équilibre entre les deux forces divergentes, il recherche en permanence la solution équitable. Il veut, par conséquent, faire accepter ses décisions. Il est diplomate, il a l'art des négociations, il est aussi pragmatique et sait modifier ses décisions devant des réactions vives. Mais en faisant pencher son choix du côté de la tension, il peut compromettre le juste équilibre.

■ **Les ressorts cachés du 5/5**

Une crainte permanente de la tempête : il faut donc maintenir une certaine harmonie par une négociation permanente. Il se pose constamment la question « où est la vérité ? ». Il ne peut de ce fait s'engager à fond, car le choix n'est guère possible d'après lui. Il vit dans l'incertitude des orientations à prendre puisque les hommes et la production s'opposent. Il se laisse habiter par un certain scepticisme. Il ne se sent pas l'âme d'un meneur. Tout choix trop tranché provoque des remous, alors il se contente de maintenir un équilibre sans cesse recommencé face à l'opposition des forces.

■ **Les illustrations du comportement du 5/5**

• **L'organisation.** Il planifie, dirige et contrôle le travail de ses collaborateurs mais ne va pas dans le détail ; il laisse une responsabilité individuelle.

• **L'équipe.** Il cherche à se faire comprendre, à persuader le personnel de l'intérêt de son travail. Il explique le pourquoi de ses décisions, il les modifie même, en face d'objections ou de suggestions. Il considère le personnel comme un outil de production, mais en sachant que la production dépend essentiellement des hommes : il faut mettre de l'huile dans les rouages, comme pour une machine. Il y arrive en se préoccupant de la satisfaction et du moral de ses collaborateurs. Il ne s'impose pas brutalement, il utilise la carotte et le bâton en encourageant quand tout va bien et en envoyant des coups de semonce quand il y a retard ou déviation. Il fait respecter les règles établies puisqu'elles sont l'expression de la tradition.

• **Les conflits**. Son attitude de base, le compromis, s'applique à merveille. Il sait qu'il ne faut ni vainqueur, ni vaincu, car le vaincu sera l'ennemi de demain. Il isole les parties en désaccord jusqu'à ce qu'il ait trouvé une solution acceptable par chacun d'eux. La solution comprend en règle générale des idées de chacun des protagonistes. Le conflit s'apaise alors mais il demeure, car ses causes ne sont pas traitées en profondeur. En effet, le 5/5 n'attaque jamais un mal à la racine, il le calme simplement quand il y a lieu.

• **L'information et la communication.** Le 5/5 mène régulièrement des réunions où chacun peut s'exprimer librement. La décision finale sera prise par lui en fonction des différents points de vue exposés et de toutes les suggestions apportées. Si sa décision est déjà prise, il donnera l'impression aux participants que leurs interventions ont pesé dans la décision finale. S'il a une crainte que sa décision soit difficilement acceptée, il utilisera la méthode de la persuasion individuelle avec chaque participant pris isolément. Avec sa hiérarchie, le 5/5 s'abstient de jugements tranchés ; il pèse le pour et le contre, il est prudent et peut ainsi changer sa position sans crainte de se déjuger. Il se tient à l'écoute des communications informelles ; toutes les rumeurs, les « radios moquette » lui sont précieuses. En effet, il sait que l'organisation informelle peut faciliter ou contrarier ses décisions. De ce fait, il suit de près le moral des collaborateurs car il peut prévenir à temps les dissensions qui contrarieraient la bonne marche de la production.

• **Les objectifs.** Puisqu'il y a une dualité fondamentale entre production et équipe, l'objectif poursuivi est avant tout le maintien de l'équilibre. Les objectifs individuels devront être accessibles pour être acceptés ; l'ambition demeure limitée.

• **Les suggestions des collaborateurs.** Le statu quo est préféré à l'innovation, mais les suggestions sont étudiées et acceptées si elles ne bouleversent rien.

Les conséquences du style 5/5

Le style 5/5 se retrouve fréquemment dans l'entreprise. Plus l'entreprise devient complexe, bureaucratique, plus chaque membre doit y conserver sa place avec prudence, en ménageant les autres. En effet, le style 9/1 provoque parfois des conflits graves qui, par réaction, suscitent un comportement 1/9, voire 1/1, qui entraîne une baisse inévitable de la productivité. 5/5 apparaît alors comme une heureuse synthèse des deux styles précédents : la voie du juste milieu et de la raison. Grâce au style 5/5, on évite l'échec, mais on ne connaît pas le vrai succès, la réelle performance. L'innovation est étouffée, l'ambition et les résultats collectifs sont freinés. La solution moyenne est-elle la voie optimale ? La négociation informelle permanente vient souvent neutraliser l'organisation formelle en lui faisant perdre de sa véracité. Le compromis ne se révèle pas être le meilleur moteur pour mobiliser les énergies vers des sommets.

Le style 9/9

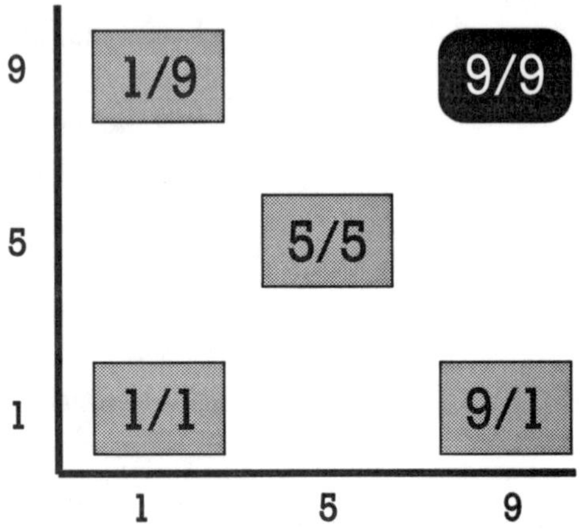

Il se traduit par un intérêt élevé pour la production et pour les hommes.

Contrairement aux autres styles, le manager 9/9 pense que les exigences de la production et les besoins des hommes ne sont ni antagonistes, ni par conséquent inconciliables. Le 9/9 pense, au contraire, qu'ils sont solidaires et interdépendants. Satisfaire les objectifs du personnel par la réalisation des objectifs de production, est la préoccupation permanente du 9/9.

Il pense que la réussite de l'entreprise passe par l'épanouissement personnel des membres de l'équipe. Seul le plein emploi des capacités individuelles permet l'efficacité et le niveau de production optimal. Le collaborateur productif est un collaborateur motivé qui cherche à s'accomplir dans son travail.

- **Les motivations du 9/9**

  Le manager 9/9 est mû par un désir d'accomplissement collectif : s'accomplir en participant.

- **Les croyances qui animent un comportement 9/9**

  Chacun éprouve le besoin d'« être », soit en terme d'identité, d'appartenance ou de puissance. S'engager dans ce que nous faisons, c'est se sentir exister. Le besoin de s'accomplir est l'expression de ce besoin d'« être ». Pourquoi, dès lors, n'en serait-il pas au travail comme dans les autres activités ? S'engager pour une œuvre collective : n'est-ce pas la question que chacun se pose dans sa vie de tous les jours ? C'est la théorie Y de MacGregor.

- **Les caractéristiques du 9/9**

  Il a le souci constant de conjuguer les besoins d'accomplissement individuels et les objectifs collectifs. Le travail, lien privilégié de l'individu avec le reste de la société, doit permettre l'accomplissement des individus, au moins pour cette tranche de vie en entreprise. Le 9/9 veut donc faire adhérer et faire participer. Le manager 9/9 est convaincu que chaque personne a quelque chose à dire ou à faire dans un ou plusieurs domaines : c'est une foi dans les ressources apparentes et cachées de tout être humain. Il a une confiance certaine dans la personnalité de ses collaborateurs et pense que son accomplissement de manager se fait par celui de ses collaborateurs dans le cadre d'un objectif commun. Le manager 9/9 sait que la clé de l'engagement individuel repose sur la participation aux décisions. L'esprit d'équipe représente pour lui l'illustration de sa conception de l'existence du groupe : faire participer pour faire adhérer.

Les illustrations du comportement du 9/9

• **L'organisation.** Il associe ses collaborateurs à la définition des objectifs, des moyens pour les atteindre ainsi que des conditions de travail. Il ne cherche pas systématiquement à prendre la décision, mais souhaite que le groupe prenne les meilleurs décisions. Il garde toutefois la responsabilité de la planification, mais y associe tous ceux qui sont compétents ou concernés par le problème en question. Sa manière de procéder est la suivante :
– il expose la situation avec des faits, des chiffres et des dates en montrant son importance ;
– il recueille les opinions de l'équipe sur le problème ;
– avec eux, il définit les objectifs et le plan d'action ;
– il clarifie les zones de responsabilité avec les membres de l'équipe ;
– il supervise le déroulement de l'ensemble, le travail et les points de contrôle étant pris en charge par les collaborateurs eux-mêmes.
Pour lui, diriger consiste à donner la direction et l'orientation collective dans le travail. L'autocontrôle est capital puisque le personnel est autonome et responsable. Le contrôle existe, mais d'une manière souple. Enfin, il sait fêter le succès avec son équipe.

• **L'équipe.** C'est à l'équipe qu'il appartient de discuter, le groupe est en effet solidaire et tend vers un but commun dont chacun se sent coresponsable. Le manager 9/9, en tant que responsable d'équipe, exerce un triple rôle :
– animateur de l'équipe ;
– conseiller de chaque membre ;
– formateur de chacun dans son travail.

• **Les conflits.** Le manager 9/9 refuse d'étouffer les conflits, que ce soit par la force, la douceur, le compromis ou l'indifférence. Il veut les résoudre, par la concertation et la confrontation directe. Chacun doit « vider son sac ». Quand les tensions sont exprimées, elles s'expliquent et disparaissent par des décisions de groupe. Cette attitude exige du 9/9 du courage et de la franchise, mais elle lui permet de rétablir la communication. Les solutions sont discutées par les partenaires eux-mêmes. Avec sa hiérarchie, il se protège, si besoin est, en engageant le dialogue, même si c'est un 9/1.

• **L'information et la communication.** L'effort de communication est constant par la recherche d'un même langage. Son but est de fournir toutes les informations nécessaires à ses collaborateurs ainsi que de préciser clairement l'ensemble des objectifs. Le manager 9/9 a deux soucis :
– l'équilibre entre l'information donnée et l'information reçue (il informe et il écoute) ;
– la volonté de franchise, afin d'éviter équivoques et malentendus ; il n'y a ni secret inutile, ni dissimulation.

• **Les objectifs.** Les objectifs collectifs de l'entreprise et individuels doivent converger, voire se confondre. En effet, l'objectif collectif doit servir la réalisation personnelle des membres de l'équipe. L'adhésion est motrice, alors que la soumission imposée par un manager 9/1 provoque une résistance plus ou moins cachée. Les objectifs sont ambitieux, mais conçus et acceptés par tous.

• **Les suggestions des collaborateurs.** Le manager 9/9 se met constamment dans une attitude de recherche et de remise en question. Il stimule et écoute les idées de chacun et encourage leur réalisation dès que possible. Il veille aussi à reconnaître et faire reconnaître la paternité des idées d'amélioration de ses collaborateurs.

Les conséquences du style 9/9

L'intégration des hommes et de leurs capacités est source de plus grande productivité en apportant dans l'équipe :
– une amélioration de l'efficacité ;
– une créativité enrichissante et stimulante ;
– une bonne ambiance collective ;
– un encouragement et une mobilisation.

Le management des hommes est le seul moyen de libérer toutes les énergies contenues dans l'équipe.
Le manager 9/9 assure ainsi à son équipe la sécurité économique, le plaisir de travailler ensemble et l'épanouissement personnel. Il assure la pérennité et le développement nécessaires de l'équipe et donc de l'entreprise. Le 9/9 assume de ce fait ses responsabilités socio-économiques. Mais il sait que cette ambition exige une attention de tous les jours avec une disponibilité permanente et une écoute attentive vis-à-vis des membres de l'équipe.

Le manager 9/9 paraît, incontestablement, le meilleur style à adopter avec son équipe ; il est « trop beau pour être vrai », nous confient régulièrement les participants. Bien sûr, nos portraits de managers, se situant dans les extrêmes de la grille, frisent la caricature. Considérons-les comme des points de repère nous permettant de mesurer, d'une part notre système de croyances personnelles quant au type de relations que peuvent entretenir les équipes avec les exigences de résultats, et d'autre part nos comportements et leur impact sur l'équipe.

Notre représentation du monde et de l'entreprise déterminent en grande partie nos comportements managériaux, tant dans leurs conséquences positives que négatives à l'égard de l'équipe. Nos croyances sur ce point deviennent rapidement nos limites entre notre volonté et nos actes. Sur le plan intellectuel, nous adhérons tous au profil 9/9, et pourtant sur le terrain, nos actions ne reflètent pas toujours cet état d'esprit. C'est ici que la remise en cause de notre système de croyances à l'égard de l'entreprise peut se révéler capital, par une prise de conscience et, pourquoi pas, par une redécision personnelle par rapport à nos anciennes croyances secrètes.

Mais le comportement 9/9 n'est pas toujours le meilleur. En effet, il n'est pas toujours le mieux adapté aux différentes circonstances de la vie d'une équipe. Les événements peuvent nous conduire à adopter une position plus empathique (1/9) face à un collaborateur, ou bien autoritaire face à une situation d'urgence. **Un style de direction se choisit donc en fonction de la situation.**
Pour agir en 9/9, il faut que les conditions et les situations tendent vers l'idéal. Toute la difficulté ici réside dans l'analyse que le manager se

fait de la situation et dans le choix du style le plus approprié. Trois facteurs commandent le choix d'un style :
– les individus auxquels il s'applique ;
– la nature du travail à accomplir ;
– la situation elle-même.
Le manager est alors amené à se déplacer sur cette grille en adaptant en permanence son style aux trois facteurs précédents.

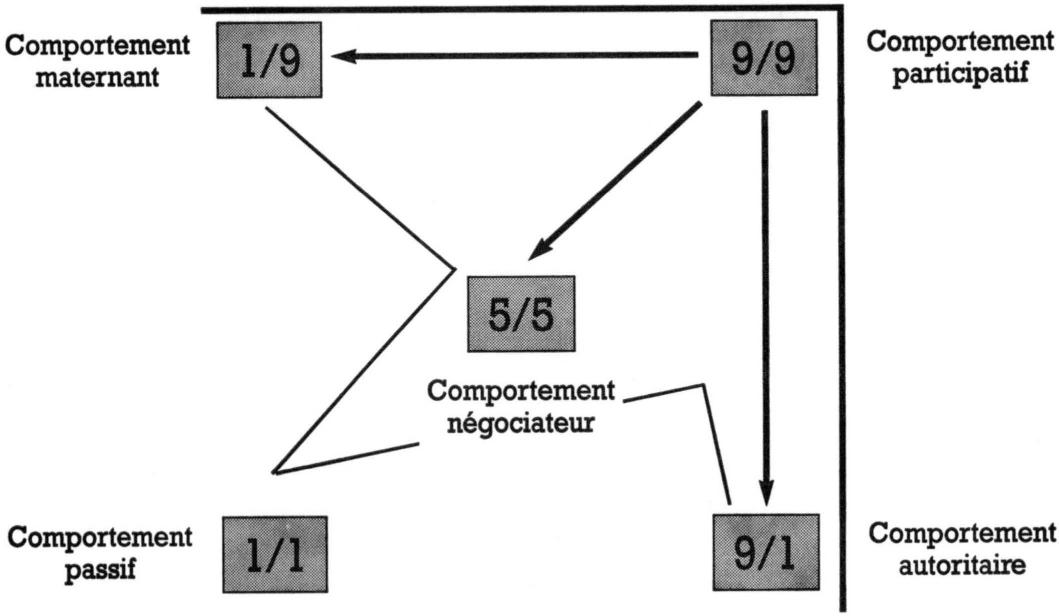

Bien entendu, la position 9/9 doit rester dominante. Nous constatons dans les entreprises une prédominance encore trop timide pour le style 9/9, bien que le principe soit acquis (nous l'avons vu dans les réponses des participants à la question « qu'est-ce que votre équipe attend de vous en tant que manager ? »). Une organisation de type autocrate au sommet va générer des comportements autocrates chez les cadres chargés de transmettre les décisions : « Nous n'avons pas le choix ! ». Plus un manager est autocrate, plus il va susciter des comportements démotivés, peu impliqués et passifs dans son équipe, plus il pourra justifier son style en prétextant que son équipe traîne des pieds. La seule façon efficace de la faire avancer reste encore de lui imposer la marche à suivre en évitant toutes les discussions qui ne feraient que reculer l'atteinte des résultats. C'est un cercle vicieux dans lequel le manager peut se laisser piéger.

Lors de nos stages de management, les participants répondent à un test qui a pour fonction d'indiquer les tendances de chaque manager sur les cinq styles de la grille. Sur les deux cents derniers participants ayant répondu à ce test, voici quels sont leurs scores sur chacune des cinq positions.

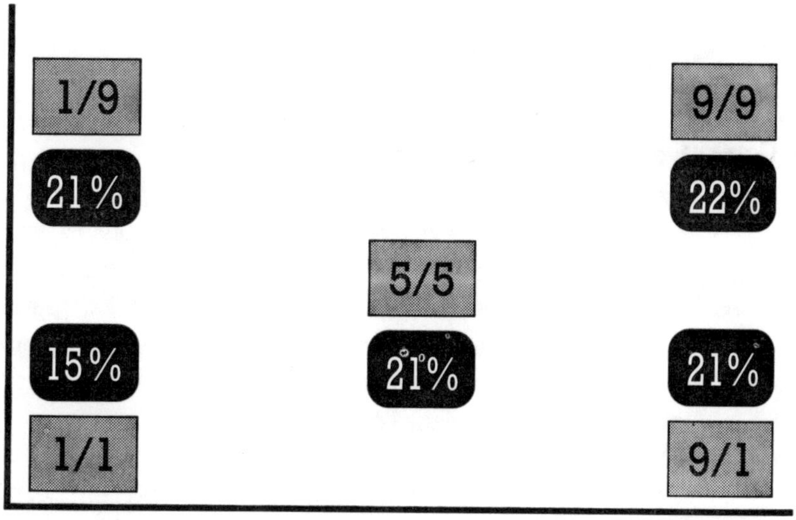

La première remarque souligne la quasi-homogénéité des valeurs sur au moins quatre positions : 9/1, 5/5, 1/9, et 9/9. Comme si les managers adoptaient à égalité ces quatre styles en face des différentes situations de management.

Un autre aspect de ces résultats fait apparaître l'égalité des styles 9/1, 5/5, 1/9 qui totalisent à eux trois 63 % des comportements. Nous retrouvons là la « bonne vieille » diagonale du management : la carotte (1/9), le bâton (9/1), et l'intermédiaire du compromis (5/5). Cette diagonale est historique car elle représente la sempiternelle antinomie des intérêts de la production et de ceux des hommes : « l'intérêt des patrons contre celui des travailleurs » avec, au centre, la fameuse table ronde des négociations. Si cet axe du débat entre le social et l'économique reste pertinent au niveau d'une réflexion globale, il devient une entrave pour le manager, au niveau de la microstructure de son équipe.

La position 1/1, avec 15 %, montre à quel point nous nous laissons à certains moments gagner par le découragement et la frustration, abandonnant pour un temps les commandes de l'équipe.

Enfin, les résultats ci-dessus indiquent que les managers savent pertinemment adopter une position 9/9 dans beaucoup de situations. C'est un acquis précieux, mais utilisent-ils cette position autant qu'ils le pourraient ? Profitent-ils de toutes les situations favorables à ce style pour exercer leur talent de véritables capitaines d'équipe ? C'est ce que nous vous proposons de découvrir avec les « quatre cartes du manager ».

Les quatre cartes du manager

■ L'approche que nous vous proposons ici est à la fois complémentaire et différente de la précédente grille. Complémentaire, dans la mesure où nous allons retrouver les grandes caractéristiques de chaque style abordé et différente, car ces quatre cartes éclairent ces comportements et surtout leur pertinence en relation avec les situations dans l'équipe.

Nous nous imaginons posséder en permanence quatre cartes dans le jeu quotidien du management d'équipe. Dans un jeu classique, chaque carte a une valeur en soi : l'as vaut plus que le roi qui vaut plus que la reine et ainsi de suite. De la même manière, nous avons vu que, dans les styles de management, la position 9/9 valait plus que les autres positions. Mais nous avons observé aussi que dans le jeu des différentes situations vécues par le manager, la validité et la pertinence de chaque style se précisaient dans l'adaptation à l'événement plutôt qu'en référence à une quelconque valeur en soi. De même que dans une partie, l'habileté du joueur consiste à jouer la bonne carte, au bon moment, en tenant compte de la configuration du jeu plutôt que des valeurs théoriques des cartes de son jeu. Autrement dit, on peut perdre une partie avec d'excellentes cartes si on ne sait pas les placer dans la bonne configuration du jeu.

Le management relève du même principe. Le danger réside dans la tentation de vouloir ne jouer, dans toutes les situations, qu'une seule carte sous prétexte qu'elle possède la plus grande valeur. Nous retrouvons ici les applications massives des grandes théories du management érigées en nouvelles panacées.

Bien au contraire, le manager doit jouer de ses quatre cartes en intelligence avec la situation présente. Cela suppose qu'il maîtrise quatre grands domaines :
– l'analyse de son ou de ses interlocuteurs ;
– une vision précise de la situation ;
– l'analyse de la stratégie à suivre ;
– la manière dont il va jouer la carte choisie.

Nous vous proposons d'explorer ces quatre domaines de compétence en portant tout d'abord votre attention sur chacune des cartes à votre disposition, pour ensuite les adapter de manière pertinente aux différents types d'interlocuteur et de situation.

Nous partons, là aussi, de quatre hypothèses de comportement du manager. En retenant deux critères. Le premier porte sur l'aspect plus ou moins directif du manager, le second sur l'aspect information et communication, gradué également du plus vers le moins. Ces termes « décider » et « communiquer » font partie, nous l'avons vu, des termes clés du management. En plaçant sur l'abscisse l'aspect directif et sur l'ordonnée la communication et l'information, nous obtenons le schéma suivant.

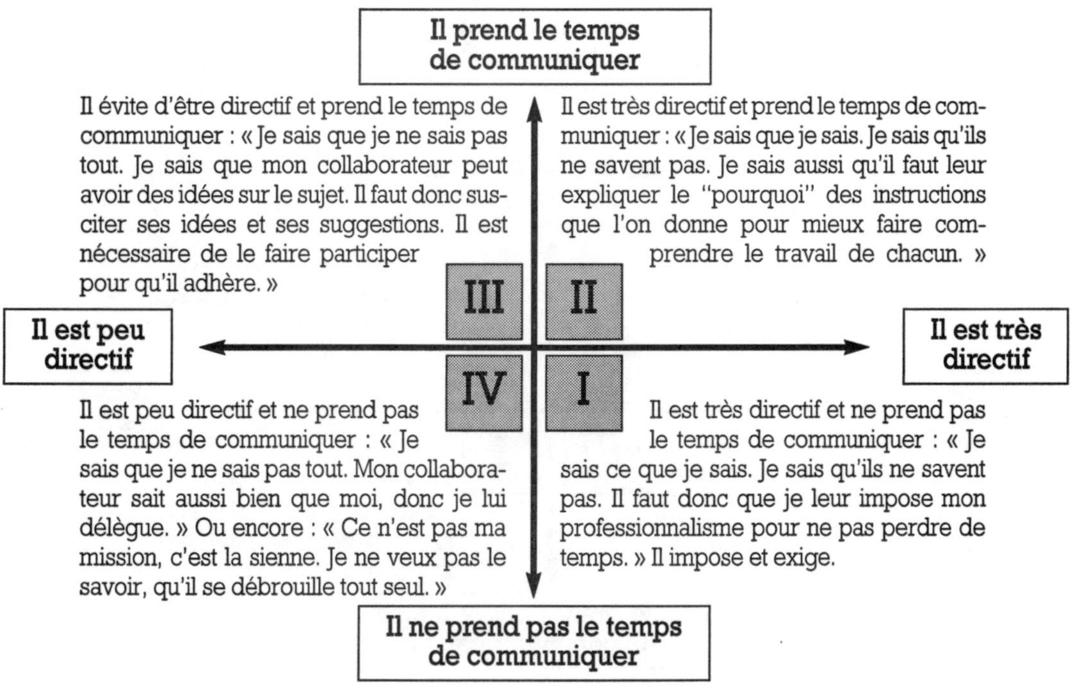

Les quatre cartes relèvent d'un style très différent, tant sur le comportement adopté par le manager que sur le système de réflexion qu'il fait fonctionner avant d'agir. Nous retrouvons des similitudes avec la précédente grille : la carte I peut s'identifier au style 9/1 ; la carte II se rapproche du style 5/5 ; la carte III s'apparente au style 9/9 ; enfin la carte IV, plus compliquée à comparer, trouve une similitude avec le style 9/9 quant à la délégation, et le style 1/1 s'il s'agit d'un abandon pur et simple.

Chaque carte va avoir un impact différent sur l'équipe, le manager doit faire le bon choix en relation avec la situation. Pour pouvoir mieux vous repérer dans l'utilisation de ces cartes, nous allons aborder six situations possibles d'équipe. En face de ces situations, nous vous présenterons les quatre types de réaction à la disposition d'un manager, en utilisant le schéma des quatre cartes. Ces exemples ont pour but de vous entraîner à élaborer des stratégies de management, en relation avec les diverses situations d'équipe auxquelles vous vous trouvez confronté.

1. Récemment, vos collaborateurs n'ont pas été très sensibles à vos conversations amicales et à vos attentions concernant leur bien être. La qualité du travail est en chute

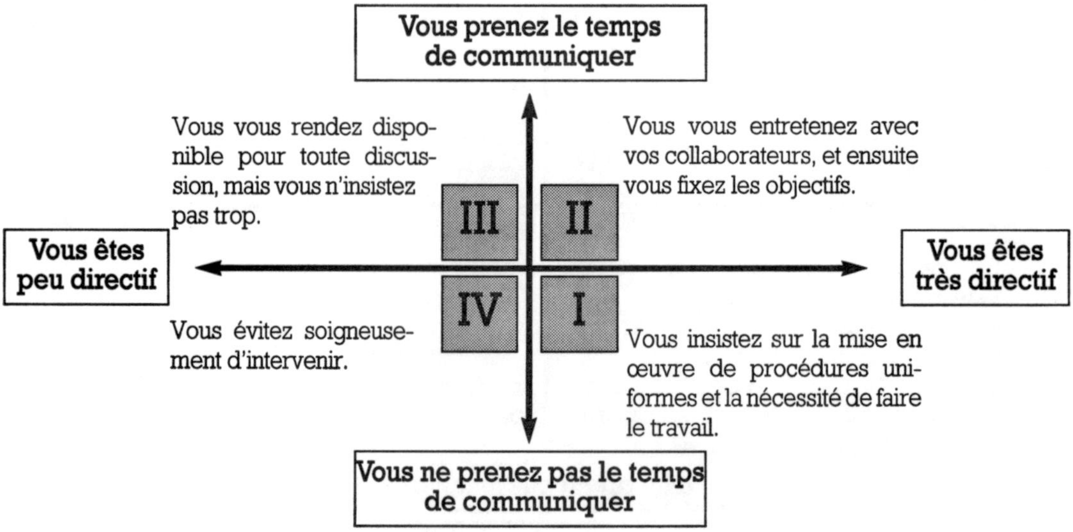

Vous pouvez, si vous le désirez, choisir la carte que vous joueriez dans chacune des douze situations. En cumulant le type de carte choisi, vous obtenez votre tendance quant à l'utilisation de ces cartes.

2. Les résultats de votre groupe se sont améliorés. Vous vous êtes assuré que chaque collaborateur a conscience des normes et du rôle qu'il a à jouer au sein de l'équipe.

Vous prenez le temps de communiquer

III — Vous faites tout ce qui vous semble possible pour que votre groupe perçoive qu'on a besoin de lui.

II — Vous engagez un dialogue amical, en vous assurant que tous sont conscients des normes et de leur rôle.

Vous êtes peu directif ⟷ **Vous êtes très directif**

IV — Vous ne prenez aucune position marquée, dans un sens ou un autre.

I — Vous insistez sur l'importance des délais et du travail à accomplir.

Vous ne prenez pas le temps de communiquer

3. Votre équipe s'avère incapable de résoudre un problème par elle-même. Normalement, elle était supposée se débrouiller toute seule. Actuellement, le travail dans l'équipe et les relations entre les gens sont bonnes.

Vous prenez le temps de communiquer

III — Vous encouragez votre équipe à travailler d'elle-même sur le problème en vous montrant disponible à toute discussion.

II — Vous impliquez le groupe et vous vous engagez avec lui dans la résolution du problème.

Vous êtes peu directif ⟷ **Vous êtes très directif**

IV — Vous laissez le groupe résoudre le problème tout seul.

I — Vous agissez rapidement et fermement pour remettre l'équipe sur la voie.

Vous ne prenez pas le temps de communiquer

4. Vos collaborateurs, qui sont en général capables de prendre des responsabilités, ne semblent pas adhérer à vos récentes directives visant à redéfinir les normes.

Vous prenez le temps de communiquer

III — Vous faites participer vos collaborateurs à la redéfinition des normes.

II — Vous tenez compte des recommandations de vos collaborateurs mais faites en sorte que les nouvelles normes soient respectées.

Vous êtes peu directif ← → **Vous êtes très directif**

IV — Vous n'exercez aucune pression, afin d'éviter tout affrontement direct.

I — Vous rappelez fermement vos directives et mettez en place un suivi plus serré de leurs applications par vos collaborateurs.

Vous ne prenez pas le temps de communiquer

5. Vous venez d'être nommé à une nouvelle fonction. Votre prédécesseur s'occupait assez peu des affaires de son service. L'équipe semble avoir correctement fait son travail et les relations sont bonnes.

Vous prenez le temps de communiquer

III — Vous associez vos collaborateurs à une réflexion sur les méthodes, en renforçant les bonnes initiatives.

II — Vous discutez avec le groupe des résultats passés, puis vous envisagez avec eux la nécessité d'adopter de nouvelles méthodes.

Vous êtes peu directif ← → **Vous êtes très directif**

IV — Vous laissez le groupe continuer à travailler par lui-même.

I — Vous prenez les mesures nécessaires pour amener vos collaborateurs à travailler d'une manière bien définie.

Vous ne prenez pas le temps de communiquer

6. Des informations récentes vous indiquent qu'il existe des difficultés entre vos collaborateurs. Dans le passé, l'équipe a prouvé sa capacité en accomplissant remarquablement bien ce qu'on attendait d'elle, tout en maintenant une bonne ambiance. Tous les membres du l'équipe sont qualifiés pour faire leur travail.

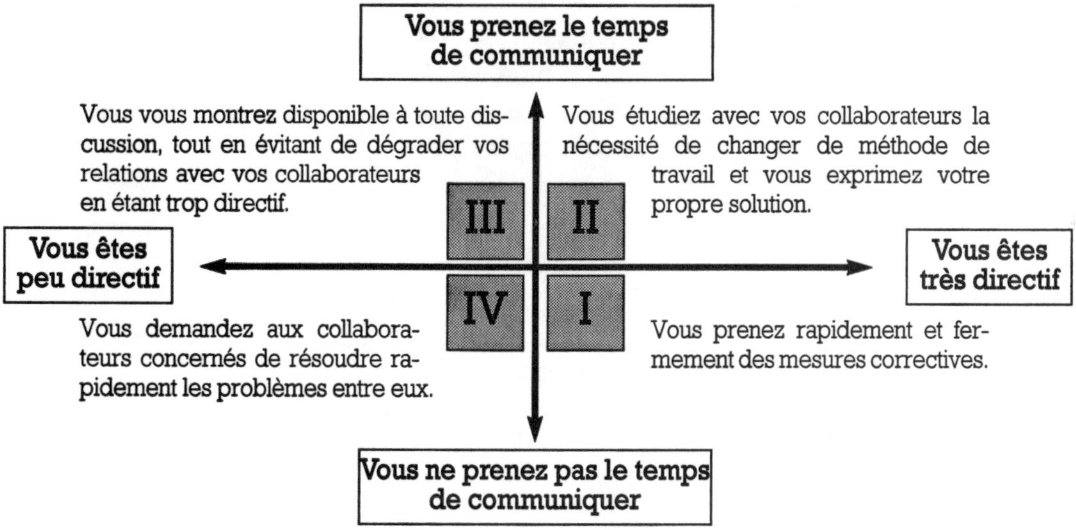

Dans toute situation, nous avons le choix de notre réaction. Décider de la meilleure carte, en tenant compte de son impact sur l'équipe, suppose que l'on prenne le temps d'analyser la situation et de décider de son style avant d'intervenir. Une fois notre action engagée sur le terrain, il nous est toujours difficile de faire machine arrière : dans le feu de l'action, nous ne nous rendons pas compte des répercussions négatives sur l'équipe, et il nous est souvent pénible de nous déjuger devant nos collaborateurs. Rattraper une maladresse prend toujours beaucoup plus de temps que de faire bien du premier coup. Analyser en amont sa stratégie d'action sous-entend que nous ayons une vision claire du fonctionnement et de la mentalité de notre équipe ainsi que de ses compétences et de ses motivations. C'est à partir de la finesse de notre perception de l'équipe que nous serons à même de jouer la carte la mieux adaptée aux multiples situations qui se présentent.

Il y a malgré tout une autre condition pour réussir avec son équipe dans la complexité des situations ; maîtriser les techniques de communication associées à chacune des quatre cartes.

La communication liée à chaque carte du manager

La maîtrise de l'analyse et de la stratégie en amont est une des conditions sine qua non d'une intervention efficace dans l'équipe. Il reste néanmoins un autre aspect, plus technique : la communication adaptée à chaque style. Sur ce point, comme sur beaucoup d'autres aspects du management, nous faisons de la prose sans le savoir, un peu à la manière de monsieur Jourdain. Il nous semble néanmoins utile de repréciser ici les mécanismes de base de chaque carte sur les schémas de communication.

I — LE SCHÉMA DE COMMUNICATION DE LA CARTE I

- Le manager a un problème **(A).**
- Il réfléchit et trouve seul la solution **(B).**
- Il informe son collaborateur de sa solution.

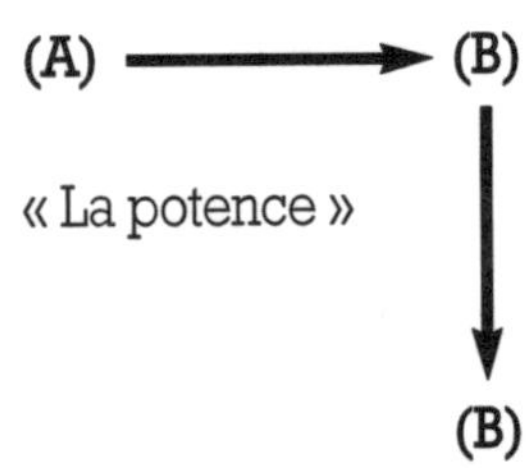

Le manager place ses collaborateurs en situation d'exécuter une solution qu'il a préalablement pensée.

Sa phrase type serait : **« Fais comme ça et tais-toi ! »**

Par exemple, à une secrétaire : **« C'est très urgent et très important, il me faut ce rapport tapé et mis en spour jeudi à 17 heures. Je vous ai mis toutes les indications à suivre à l'intérieur. »**

La carte I a le mérite de ne prendre que peu de temps et permet de garder en permanence le contrôle du travail effectué par les collaborateurs.

La carte II offre de grandes ressemblances avec la I, à la différence qu'elle suppose les explications du manager.

II

Le schéma de communication de la carte II

• Le manager a un problème **(A).**
• Il réfléchit, et trouve seul la solution **(B).**
• Il informe de sa solution son ou ses collaborateurs en expliquant le pourquoi de sa décision, quitte à tenir compte des remarques et des suggestions de ses collaborateurs.

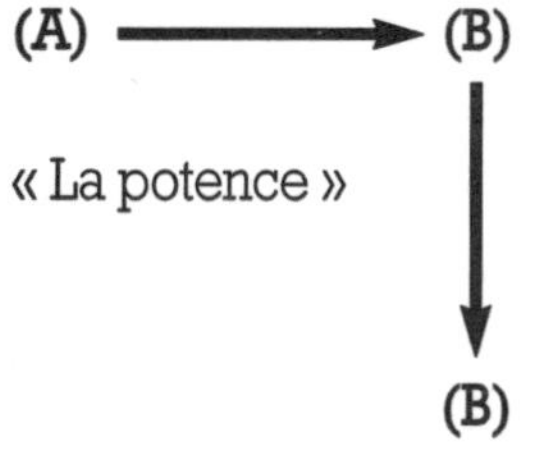

Le manager place ses collaborateurs en situation d'exécuter et de comprendre une solution qu'il a préalablement pensée. Il la vend.

Sa phrase type serait : **« Fais comme ça parce que... »**

Par exemple, à une secrétaire : **« Le client attend ce rapport pour lundi matin, c'est une affaire d'un million de francs. Je vous ai mis les indications quant à la mise en pages convenue avec le client. Je veux pouvoir impérativement le relire vendredi matin pour qu'il parte dans la journée. Je désire donc que vous me le remettiez jeudi à 17 heures. »**

Ici le manager effectue bien une « potence », à la différence près qu'il situe le pourquoi : au lieu de « c'est important et urgent », il permet à sa collaboratrice de saisir par elle-même le degré d'importance et d'urgence en précisant les faits (attendu lundi matin) et les chiffres (un million de francs). Sa collaboratrice comprend ainsi la raison de cette urgence et va vraisemblablement mieux l'accepter, voire apporter des suggestions utiles.

La carte II prend un peu plus de temps, mais elle permet au collaborateur de saisir l'intelligence de l'action et donc d'agir avec une plus grande efficacité. La directive du manager n'est plus perçue comme un caprice de plus qu'il faut exécuter au dernier moment.

La carte III suit un schéma différent dans l'esprit et dans le cheminement. Elle suppose une préparation de la part du manager.

III

LE SCHÉMA DE COMMUNICATION DE LA CARTE III

- Le manager a un problème **(A).**
- Il réfléchit, et trouve une solution possible **(B).**
- Avant d'agir, il se pose trois types de questions essentielles :

– Quel est le problème ? Comment puis-je résumer la situation en termes de faits, de chiffres et de dates ?
– Quel est le non négociable ?
– Qui est concerné ? Pourquoi ?

- Il va voir le ou les collaborateurs concernés, leur expose le problème ainsi que le non négociable et entame la discussion par une question ouverte.
- Il tente de dégager avec ses collaborateurs une solution **(C).**
- À l'écoute des remarques de ces interlocuteurs, il arrête avec eux un plan d'action avec les dates de suivi.

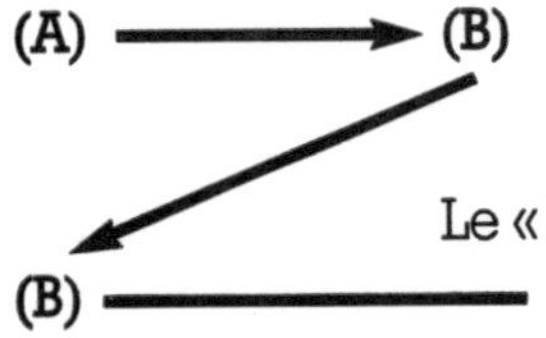

Le « Z » de la communication.

Le manager place ses collaborateurs en situation d'élaborer eux-mêmes les solutions à un problème qui les concerne. En ce sens, il procède à la manière de Socrate, qui , au ve siècle avant J.-C., « accouchait » les Athéniens de leur propre intelligence par la maïeutique. Le manager, avec cette carte III, met au jour l'intelligence et le talent de ses collaborateurs.

Sa phrase type serait : **« Comment voyez-vous la manière de le faire ? »**

Par exemple, à une secrétaire : **« Le client attend ce rapport pour lundi matin, c'est un affaire d'un million de francs. Comment peut-on procéder pour que le client le reçoive lundi comme convenu, sachant que je dois tout relire avant le week-end ? »**

La carte III, faisant participer les collaborateurs, relève du management participatif. Mais attention, cette carte doit être jouée d'une manière tout à fait authentique de la part du manager. En effet, il vaut mieux un bon autocrate qu'un faux participatif !

La carte IV est une triple carte.

IV

LE SCHÉMA DE COMMUNICATION DE LA CARTE IV

- Le manager a un problème **(A).**
- Il va voir le ou les collaborateurs concernés et leur demande de s'en occuper.
- Il les laisse ensuite se débrouiller.

Le manager place ses collaborateurs en situation de grande autonomie. À eux seuls de trouver les solutions pour que le travail soit réalisé. Cette stratégie, nous l'évoquions plus haut, présente trois aspects différents :
– cette carte est la suite naturelle de la carte III : une fois le plan d'action convenu avec les collaborateurs, le manager les laisse opérer sur le terrain sans intervenir. Il respecte simplement les dates de suivi mais considère que l'action est déléguée ;
– il s'agit d'une délégation intégrée au poste des collaborateurs. Ils sont parfaitement compétents et habitués à ce genre de travail ;
– c'est une pure et simple délégation abandon. Le manager a un problème et il s'en débarrasse sur ses collaborateurs.

Sa phrase type serait : **« C'est votre truc, débrouillez-vous. »**

Par exemple, à une secrétaire : **« Le client doit recevoir ce projet lundi, vous faites au mieux pour la mise en page, je compte sur vous ! »**

La carte IV est à prendre différemment selon les cas de figure où elle se trouve avancée. Complètement adaptée dans les deux premiers cas, elle se révèle catastrophique dans le cadre d'une délégation abandon.

Aucune de ces cartes n'est bonne ou mauvaise en soi. Elles trouvent leur pertinence dans la relation de l'intention du manager d'une part et la situation d'autre part. Un pompier ne vous demandera jamais : « Comment voyez-vous la manière d'évacuer l'immeuble ? », il vous donnera un ordre. La situation ne se prête pas au management participatif du fait de l'urgence. De plus, ce même pompier ne cherche pas forcément, à ce moment précis, à faire émerger les idées du groupe sur les solutions possibles. La carte III, jouée d'une manière non authentique par un manager, relève de la démagogie. Or, nous savons que toute équipe perçoit très rapidement ce genre de procédé chez son manager, qui perd de ce fait une précieuse partie de son capital confiance.

Nous avons fait faire un test à deux cents managers sur l'utilisation des quatre cartes, il nous a semblé utile de faire apparaître ici la moyenne de leurs résultats.

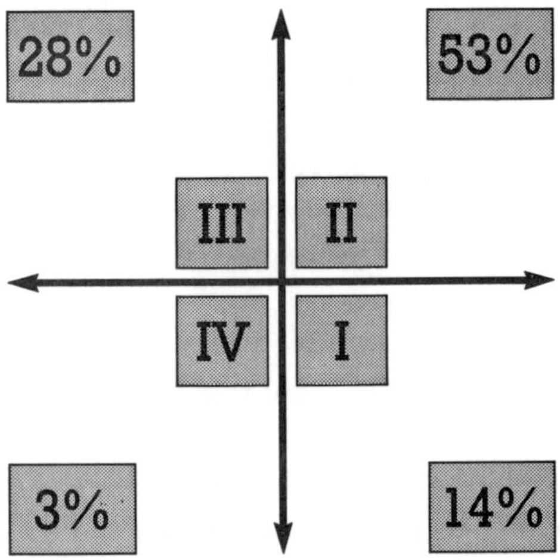

L'autoritarisme pur et dur ne semble plus faire recette. Dans les différentes options proposées, les managers ont choisi la carte I dans 14 % des cas. Évolution des mentalités et des méthodes de management, le « Fais comme ça et tais-toi ! » n'est guère prisé. Nous soulignerons quand même le peu de score obtenu. Les managers n'osent peut-être plus user du coup de poing sur la table pour remettre les compteurs à zéro et réaffirmer le non négociable auprès de leurs collaborateurs. Nous analyserons dans les pages suivantes, par simple jeu comparatif, les pourcentages obtenus dans les comportements des équipes avec les résultats de cette grille.

En revanche, la carte II arrive en première position avec 53 %. Les managers ont intégré l'idée de prendre le temps d'expliquer à leurs collaborateurs les solutions qu'ils préconisent. Ils en parlent, mais restent souvent persuadés que leur solution est la meilleure. C'est humain. Il faut en effet une dose non négligeable d'humilité ou de professionnalisme pour se dire que l'autre peut avoir des idées et peut-être même meilleures. Beaucoup de managers fondent encore leur statut sur le fait d'en « savoir plus que leurs collaborateurs ». Ce statut, basé quasi-exclusivement sur l'autorité de type technique, a très longtemps prévalu dans les entreprises, tant dans la hiérarchie que chez les collaborateurs. « Le chef doit être plus compétent techniquement », ce qui expliquerait l'usage de la « potence » dans ces proportions.

Le management de type participatif, illustré par la carte III, tient la deuxième place avec 28 %. Les managers savent faire, nous l'avions déjà constaté. Mais la question est de savoir s'ils profitent de toutes les situations qui leur sont offertes dans le quotidien pour exploiter plus à fond cette carte III. Quand ils pourraient tirer parti, pour eux et leurs collaborateurs, d'une démarche participative, ils se contentent peut-être encore trop souvent de la carte II. Ils engagent le dialogue tout en sachant, dans nombre de cas, que la solution retenue sera la leur à quelques détails prêts.

Enfin, nos managers tiennent encore à garder le contrôle. Ils n'ont retenu qu'à 3 % la carte IV. La délégation reste très souvent l'arlésienne du management ; tout le monde en parle et peu de collaborateurs la voient dans leur quotidien. Cela tient sans doute au fait de l'ambiguïté de cette triple carte, et de la sous-utilisation de la carte III permettant une délégation avec un territoire d'autonomie bien défini et un suivi adapté.

Ces considérations sont souvent au conditionnel car décontextualisées du quotidien du manager. Le style de management choisi dépend bien évidemment en grande partie de la maturité de l'équipe : plus les collaborateurs expriment une maturité professionnelle à travers leur comportement, plus le manager pourra utiliser les cartes III et IV. À l'inverse, une équipe peu motivée et peu compétente sollicitera le manager dans les registres des cartes I et II. Nous vous proposons d'observer la cohérence entre les styles dégagés ici et les résultats de l'analyse des comportements des équipes effectuée au chapitre 3.

La comparaison des scores des équipes obtenus à partir de l'analyse des participants (page 76) avec les résultats des quatre cartes nous indique la cohérence entre le profil des équipes et les styles de management pratiqués par les participants.

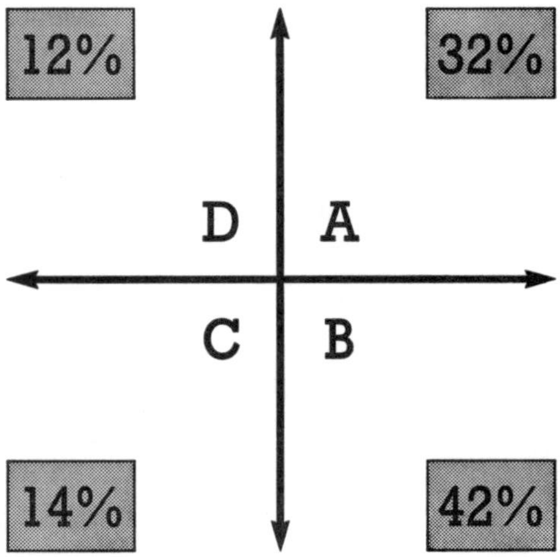

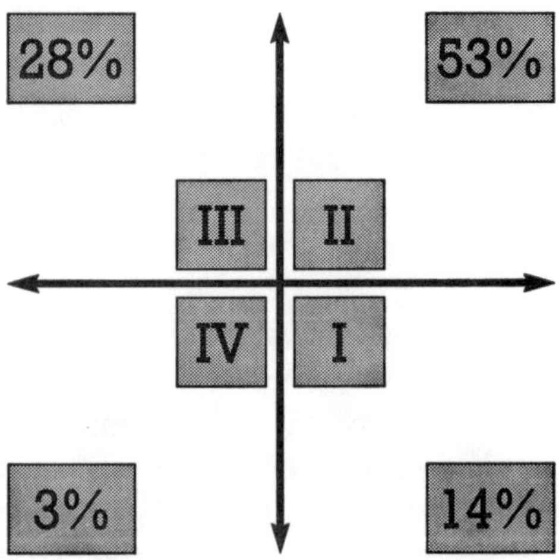

Quelles sont les cartes les mieux adaptées au profil des collaborateurs ? Les A (32 %) ne demandent qu'à participer, ils sont compétents et aiment participer. Les cartes III et IV leurs sont tout indiquées.

Les B sont compétents mais plus réservés et discrets ; là aussi la carte III leur permet de s'exprimer et de pouvoir ainsi affirmer tout leur professionnalisme. Ils peuvent même, pour certains, reprendre confiance en eux et remonter vers la catégorie A.

Les A et les B représentent les collaborateurs qui font tourner l'équipe. Ils totalisent dans notre petit sondage 74 % des équipes analysées par nos participants. Ces mêmes participants obtenaient 28 % sur la carte III. Nous pouvons déjà nous poser la question de la sous-utilisation de la carte III sur cette population de A et B.

Les C atteignent 14 % et, bizarrement, la carte I totalise aussi 14 % des stratégies jouées par les managers interrogés. Sans affirmer d'une manière catégorique que la carte I est mieux adaptée face à un collaborateur C, l'expérience nous montre qu'après avoir tenté le dialogue et en cas de non résultat, il est bon de refermer cette ouverture avec une bonne potence. On s'évite ainsi une perte de temps et d'énergie et votre collaborateur sait à quoi s'en tenir s'il persiste dans son attitude.

Le comportement D (12 %) requiert sans doute, dans l'ordre, les trois cartes III, II et I. En effet, vous pouvez commencer par ouvrir le dialogue en permettant à votre collaborateur d'exprimer ses contraintes ou son point de vue et ainsi le faire évoluer dans sa position. En cas d'échec, vous pouvez lui réaffirmer les objectifs et le pourquoi de votre décision et enfin, si rien n'y fait, il ne vous reste qu'à lui imposer votre solution avec la carte I. C'est toujours dommage, mais parfois salutaire pour la vie de l'équipe.

Nous vous proposons de procéder au comparatif de l'analyse de votre équipe et de votre score sur les cartes du manager. À partir de ce constat, vous pourrez dégager les pistes d'action possibles.

LE COMPARATIF DE L'ÉQUIPE ET DE MON STYLE DE MANAGEMENT

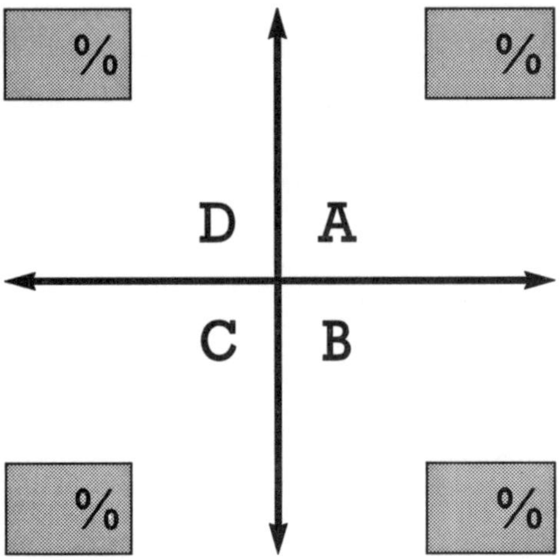

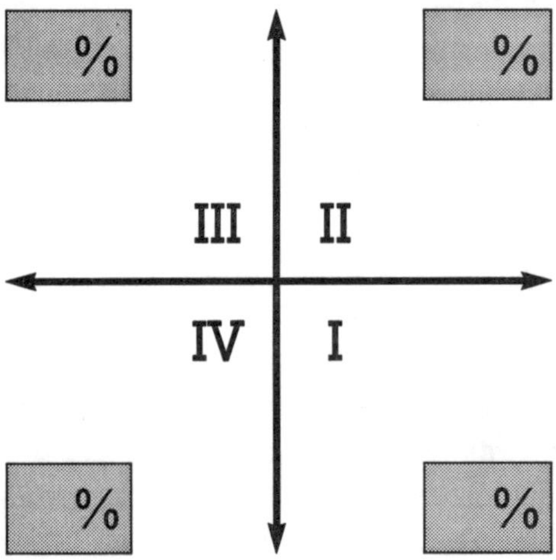

Commentaires :

Conclusion

■ La manière dont nous nous comportons vis-à-vis de l'équipe n'est pas neutre. L'incidence de nos comportements au quotidien fait, en grande partie, toute la différence quant à la motivation de l'équipe. Quelles que soient les politiques salariales, les systèmes de protection, les avantages acquis et les perspectives de progression qu'offre l'entreprise, si la qualité du management dans tous les actes du quotidien n'est pas au rendez-vous, il manquera toujours à l'équipe un facteur essentiel pour sa motivation.

Le manager, au travers des contacts privilégiés avec ses collaborateurs directs, reste au centre de cet enjeu. Le professionnalisme avec lequel il maintient la qualité de la relation sur le terrain constitue un des atouts majeurs pour l'entreprise.

Pour ce faire, la connaissance et la maîtrise de chaque style de management devient, pour lui, un incontournable savoir-faire. Nous sommes loin, ici, des recettes toutes faites. C'est peut-être décevant, mais en aucun cas, le responsable d'équipe ne peut faire l'économie de son investissement personnel en matière de communication et donc de qualité de relation avec ses collaborateurs. Cette relation passe en partie par la constitution de certains savoir-être qui impliquent fortement le manager. Nous rejoignons les « qualités humaines » décrites par les participants au chapitre 2. Le retour sur soi devient essentiel. La réflexion, à partir des outils proposés, constitue une première ligne directrice. Il reste, bien sûr, votre analyse personnelle et les conclusions que vous en tirez pour vous et votre équipe.

La souplesse, l'adaptation aux situations et aux collaborateurs, ainsi que la maîtrise des schémas de communication liés à chaque style, font partie des compétences indispensables pour une véritable gestion des ressources de l'équipe. N'oublions jamais que le premier gestionnaire des « ressources humaines » dans l'entreprise reste le manager direct.

Mais tout investissement personnel ne trouve sa concrétisation que dans l'utilisation d'outils et de méthodes. Le chapitre suivant vous propose de passer en revue les outils d'action essentiels à tout manager. Il reprend les méthodes ainsi qu'une réflexion sur le véritable rôle de la communication dans l'entreprise.

5. Les techniques et les outils de communication du manager

Pour paraphraser René Descartes, nous pourrions affirmer que la communication « est la chose du monde la mieux partagée » dans l'entreprise. Chacun sait en effet communiquer, cela fait partie de nos plus anciens apprentissages. On remarquera qu'en général nous n'avons nul besoin d'un tel enseignement lorsque nous sommes avec nos proches. D'où vient alors cette frénésie pour la communication dans l'entreprise depuis quelques années ? Pourquoi la communication se trouve-t-elle considérée comme une véritable panacée chaque fois qu'une difficulté apparaît dans un service ou une équipe ?

Il nous faudra, pour démêler cette confusion, clarifier chaque notion et replacer chaque mot à sa place pour comprendre le rôle et la fonction de la communication dans la mission du manager. Nous pourrons alors aborder les différents outils de communication du manager en relation avec des actions quotidiennes, sur le terrain :
– informer ;
– faire passer un message ;
– négocier ;
– former un collaborateur ;
– reconnaître les collaborateurs ;
– recadrer un collaborateur ;
et nous terminerons sur un des points les plus délicats du management : la délégation et les objectifs.

La délégation cumule l'ensemble des techniques abordées plus haut, elle est aussi la fonction la plus importante du management : rendre plus compétents et plus autonomes ses collaborateurs.

Communiquer et informer

■ Parler de communication ne peut se faire qu'à partir de l'analyse des situations de communication. D'un côté, nous pouvons « communiquer quelque chose » à quelqu'un, et de l'autre, nous pouvons « communiquer avec » ce quelqu'un.

Le plus grand malentendu sur la communication réside dans l'amalgame généralement fait entre informer et échanger. D'où la nécessité de clarifier ces deux termes pour pouvoir agir efficacement dans l'une ou l'autre des situations.

L'information peut être considérée comme un matériau qui existe quelque part (revues, livres, dossiers, fichiers d'ordinateur, mémoire d'un individu) et que l'on peut saisir, transporter, transformer, stocker, détruire, etc. La notion de traitement de l'information nous est devenue familière avec le développement de l'informatique, et le deviendra plus encore avec la généralisation à l'échelle planétaire des « autoroutes de l'information ».

La communication, quant à elle, suppose tout d'abord et avant tout l'existence d'un partenaire en relation. Entrer en relation avec quelqu'un ne peut aboutir que si ce partenaire à son tour se met en relation avec moi. Nous échangeons alors des informations, mais ce serait réducteur de se centrer exclusivement sur ces informations échangées. La dimension essentielle réside ici dans **l'échange** ; l'information n'étant que le matériau de l'échange.

Il est clair que pour comprendre la nature de la communication, nous devons nous centrer sur cette dynamique des échanges. Se centrer sur l'information pour comprendre la communication serait un processus d'une efficacité douteuse pour ne pas dire nulle. Imaginons un seul instant quelqu'un qui voudrait juger de la qualité d'une maison en procédant exclusivement à l'analyse des matériaux (le contenu) et de la manière dont sont reliés ces matériaux entre eux (la sémantique). De la même manière, une œuvre de Mozart suppose autre chose que la simple comptabilisation des notes et de leurs liaisons pour être appréciée à sa juste valeur. Il y a une dimension qui ne peut se réduire à la seule addition des matières premières et de leur agencement. Entre deux personnes qui communiquent, se construit quelque chose qui va au-delà de tout ce qui a pu être dit.

Nous allons maintenant nous centrer sur le pôle vivant de la communication : l'échange. D'après « Le Petit Robert » (encore !), « échanger, c'est céder moyennant contrepartie ». Chacun des termes a son importance et la phrase résume parfaitement la problématique de la communication :

– je cède quelque chose ;
– j'attends ;
– il y a contrepartie de la part de l'autre.

Sans contrepartie, il n'y a aucun échange et la communication est inexistante. Autrement dit, si mon partenaire ne me cède rien en contrepartie de ce que je lui ai cédé, la communication s'arrête.

Comment décrire les termes de l'échange ? Généralement les échanges se font à l'intérieur d'un même registre. J'échange ce que je sais et j'attends de recevoir ce que l'autre sait. Contre ce que j'éprouve, j'attends de recevoir ce que l'autre éprouve. Et si la communication s'intensifie entre nous, contre « qui je suis », j'attends de recevoir « qui il est ». Communiquer revient donc à entrer en relation avec un partenaire sur un mode d'échanges réciproques.

Nous sommes loin de la société dite « de communication » dans laquelle nous vivons. Qu'il s'agisse d'une société experte dans les vecteurs d'information, soit, mais certainement pas de communication si la contrepartie et la réciprocité n'existent pas. Je suis informé, mais en face de cette information l'« autre » n'attend aucune contrepartie, du moins dans le même registre.

Cette supercherie dans les termes conduit la plupart du temps à une catastrophique confusion dans les entreprises. Nous entendons fréquemment des remarques comme : « l'information ne descend pas » ou « l'information ne remonte pas » . Rappelons-nous nos managers qui attendent de leurs équipes qu'elles fassent remonter l'information. Elle ne peut pas remonter toute seule : s'il n'y a pas de communication ascendante, c'est tout simplement qu'il n'y a pas de communication descendante. L'information, à elle seule, ne peut ni descendre ni monter, elle n'est qu'un matériau.

Communiquer sous-entend qu'on entre en permanence en relation avec l'autre au travers d'un échange. Nous ne pouvons « communiquer de l'information » dans l'entreprise, en faisant l'économie de cette relation. En d'autres termes, choisir une stratégie d'information au lieu d'une stratégie d'échange reviendrait à vouloir gérer les hommes en supprimant tout ce que leurs réactions peuvent avoir d'encombrant. C'est le type d'analyse qu'Aldous Huxley n'aurait pas refusé dans *Le Meilleur des mondes*.

Mais cet échange suppose la mise en place d'une dynamique et d'une structure qui le favorise. Nous vous proposons donc d'aborder un outil baptisé les « sept règles d'or de la communication ».

C'est une bonne et une mauvaise nouvelle. Bonne car il n'y a que sept points essentiels à maîtriser, mauvaise car il faut impérativement maîtriser ces sept points pour mener un échange de qualité avec un interlocuteur. Nous vous présentons cet outil sous forme d'une fiche synthétique et nous reviendrons dans un deuxième temps sur chaque point en expliquant les contenus.

LES 7 RÈGLES D'OR DE LA COMMUNICATION
1. Partir de faits, de chiffres ou de dates.
2. Poser des questions ouvertes.
3. Attendre les réponses en silence.
4. Écouter.
5. Reformuler.
6. Encourager.
7. Concrétiser.

Nous savons déjà tous utiliser ces sept points, la question est de savoir si nous les utilisons effectivement et dans quel ordre.

- Pourquoi le point 1 : **partir de faits, de chiffres ou de dates ?** Rappelons-nous ce manager dans la carte I : « C'est urgent et important. » En utilisant une opinion : « urgent et important », il demandait du même coup à sa collaboratrice de le croire sur parole. Elle devait mettre les bouchées doubles simplement parce que son chef le lui avait demandé.
Il n'y a là aucun échange possible, cela s'est arrêté à l'opinion du manager. Le fait de dire : « le client attend ce rapport lundi matin et c'est une affaire d'un million de francs », offre à l'interlocutrice la possibilité de se construire sa propre opinion et ainsi de réagir en apportant sa contrepartie.

- **Poser des questions ouvertes,** dans le point 2, permet au manager d'enclencher la contrepartie en suscitant une réflexion chez son collaborateur. Nous n'aurons pas l'audace de préciser ici la différence entre une question ouverte et une question fermée. La première est le contraire de la seconde. Rappelons-nous, quand même, qu'une question ouverte suppose de la part de l'interlocuteur une réponse construite. Par exemple : « De quelle manière comptez-vous procéder ? », « Quelle est votre position sur le sujet ? » ou encore « Dans quel domaine avez-vous besoin d'aide ? » À partir de cet instant, le processus d'échange est enclenché et votre rôle va consister à le mener à bien.

- C'est précisément la fonction du point 3 : **attendre les réponses en silence.** Par ce silence, vous montrez à votre interlocuteur que votre question est une vraie question qui appelle donc une vraie réponse de sa part. En respectant la réflexion de l'autre, vous vous rendez crédible dans votre démarche.

- Après un instant, votre interlocuteur va vous répondre. C'est à ce moment précis que vous devez concentrer toute votre attention sur son discours. Dites-vous bien qu'on ne s'enrichit jamais à s'écouter parler, en revanche l'autre est une mine de différences et, de ce fait, d'apports nouveaux. C'est par l'**écoute** que vous réussirez à vous enrichir de la perception de votre interlocuteur. De plus, vous lui offrez, par votre qualité d'attention, la possibilité de **s'exprimer**, vous le **reconnaissez** par l'intérêt que vous portez à ses propos, et vous lui permettez de **progresser** dans sa réflexion. Vous venez en quelques secondes de renforcer trois barreaux essentiels dans l'échelle des motivations de votre collaborateur.

  La qualité d'écoute tient avant tout à la qualité de votre attention, voire de votre intention à l'égard de votre interlocuteur. C'est un important travail sur soi, mais qui apporte un résultat immédiat quant à la qualité de la relation avec l'autre.

- Le point 5 : **reformuler**, vous permet de reprendre les rênes du dialogue en soulignant les points forts des propos de votre interlocuteur, et de lui montrer ainsi que vous l'avez bien écouté. Il n'y a rien de plus valorisant que de se sentir écouté.

- À partir de ce moment, il est nécessaire que votre collaborateur se sente aussi approuvé dans ses propos. Le fait d'**encourager**, c'est-à-dire de préciser clairement les différents points sur lesquels vous êtes d'accord, renforcera le côté positif de votre échange. Ce point 6 vous permet aussi de reprendre la parole et d'exprimer votre point de vue sur la question. Si vous n'êtes pas d'accord avec certains éléments, vous pouvez ainsi, sans blesser votre collaborateur, exposer votre point de vue. Il existe une grande différence entre s'entendre dire « Je ne suis pas du tout d'accord avec vous » et « Je trouve telle ou telle proposition bonne, en revanche je ne suis pas d'accord avec votre idée de... ». La qualité de la suite de votre dialogue s'en ressentira et vous pourrez ainsi progresser avec votre collaborateur sur la voie d'une solution satisfaisante.

- Le point 7 aurait pu s'appeler la conclusion, mais c'était sans compter qu'il s'agit ici de management c'est-à-dire d'une action autant centrée sur les hommes que sur les résultats. Ces échanges, mêmes conviviaux, doivent déboucher sur des actions concrètes, c'est pourquoi le terme **« concrétisation »** convient mieux. À l'issue d'un entretien de ce type, le collaborateur et le manager doivent savoir clairement **qui fait quoi**, **avec qui**, **pour quels résultats**, **pour quand**, **avec quels moyens** et quel sera le type de **suivi**. Autrement dit, nos deux interlocuteurs ont décidé d'un objectif d'action. Cette concrétisation apporte au collaborateur la sécurité dont il a besoin pour agir. Il connaît les limites de son action, et sait que son plan a été validé par son supérieur hiérarchique : les choses sont claires.

Nous pratiquons déjà tous ces sept règles d'or, avec nos proches, souvent inconsciemment. Mais, dans nos relations de travail, nous n'avons que très rarement choisi nos collaborateurs ou, si c'est le cas, c'est sûrement pour d'autres facteurs que leurs côtés sympathiques. Il nous faut donc de la rigueur pour gérer des relations quotidiennes avec des collaborateurs très différents de nous. Cette rigueur se définit par le professionnalisme que tout collaborateur est en droit d'attendre de son chef.

D'autre part, nous savons que la grande majorité des cadres passent 80 % de leur temps à communiquer. Sur une année de travail cela représente 1 400 heures ! C'est sûrement le premier point à maîtriser.

Informer

■ Nous avons vu la différence capitale entre communiquer et informer. L'information, rappelons-le, est un matériau et se comporte comme tel : c'est-à-dire qu'elle n'a aucune vie propre en soi. Nous distinguons quatre grands buts dans l'information en entreprise :

• **L'information à but opérationnel :** ce sont en général des informations techniques directement liées à l'exercice des métiers. Elles permettent aux collaborateurs de pouvoir continuer à travailler et à assumer leur poste.

• **L'information à but organisationnel :** elle a pour objet de gérer la vie et l'organisation de l'entreprise, du service ou de l'équipe. Ce sont les normes, les règles, les procédures qui régissent l'activité des équipes.

• **L'information à but relationnel :** ce type d'information alimente l'identité du groupe ou d'une personne. Elle vise la satisfaction du besoin d'être reconnu. On l'appelle aussi l'information à but motivationnel.

• **L'information à but institutionnel :** il s'agit là d'éléments directement liés aux valeurs, aux résultats, et à la vie de l'entreprise en tant qu'institution sur un marché et dans une région. On peut citer, par exemple, le projet d'entreprise, le projet stratégique ou le schéma directeur, les journaux internes, les manifestations publiques comme les conférences, les expositions ou les interviews dans les médias.

Pour que cette information soit de qualité, elle doit posséder les caractéristiques suivantes :
– être nouvelle pour son destinataire (d'où l'importance de la rapidité) ;
– être précise ;
– être claire ;
– être pertinente ;
– être exhaustive.

Son dysfonctionnement entraîne trois grands types de conséquence :

- **La déformation** de l'information par défaillance logique, interprétation, lacunes diverses. Nous savons tous combien l'information de bouche à oreille tend progressivement vers une distorsion à chaque relais. La seule manière de contrer ce phénomène consiste à écrire cette information en prenant garde de la distribuer au même moment à tous les interlocuteurs concernés. Les systèmes d'information à notre disposition dans les entreprises permettent justement cette simultanéité.

- **La rétention :** lorsque l'information devient un enjeu de pouvoir pour le détenteur. Ce phénomène classique dans l'entreprise trouve son explication dans le besoin d'existence que nous ressentons tous. Loin des sentiers de la logique cartésienne, la rétention d'information se trouve directement liée au manque d'échanges accompagnant cette information. Reprenons les étapes du mécanisme. Si, dans la relation d'information, l'autre n'est considéré que comme un réceptacle dans lequel transite provisoirement une information, mon collaborateur, ne pouvant accepter de n'être qu'un simple réceptacle, aura naturellement tendance à conserver au moins une partie de l'information. Cette possession est pour lui le seul moyen d'affirmer son originalité. À son tour, il livrera l'information à ses subordonnés en gardant ce dont il a besoin pour exister et en ajoutant une information parasite qui viendra combler le vide qui s'est créé.

En résumé, lorsqu'on choisit de faire transiter l'information par une voie quelconque et en voulant faire l'économie de la communication, chaque individu ne va exister qu'à travers le poids des informations qu'il reçoit.

Dans un système hiérarchique, lorsque le personnage le plus élevé donne une information importante, il fait, peut-être à son insu, trois choses :
– il fait savoir qu'il a beaucoup d'information et que ceci marque son importance ;
– il fait partager à ses collaborateurs directs une partie de l'information dans une relation de quasi-complicité ;
– il fait acte d'autorité en demandant que cette information circule.
Mais en fait, ce que ses collaborateurs ont reçu est d'un tout autre ordre :

– la confirmation que plus on est à un niveau élevé dans la hiérarchie, plus on a d'informations ;
– que le pouvoir s'affirme en possédant plus que les autres ;
– qu'il faut livrer aux autres l'essentiel (c'est-à-dire l'information, moins ce dont j'ai besoin pour me rendre indispensable) faute de quoi on perd son statut.

- **L'invention,** voire l'affabulation, soit par volonté d'induire l'autre en erreur, soit parce que le contexte est favorable à la naissance de rumeurs. La rumeur représente un grave facteur de démotivation dans l'entreprise. Il semble nécessaire d'y consacrer quelques lignes. Une rumeur consiste à inventer un fait ou une partie d'un fait dans sa version la plus négative. Rares sont les rumeurs positives. La raison se tient dans l'essence même du phénomène. La rumeur naît le plus souvent du besoin de maîtriser l'anxiété concernant l'avenir. Quand ni le pouvoir de savoir, ni celui de s'exprimer ne sont satisfaits, cette double frustration va s'exprimer, dans un besoin de sécurité, par une tentative de réduction de l'incertitude. La rumeur devient alors un pseudo-savoir pour combler illusoirement l'angoisse de ne pas savoir.

La rumeur correspond aussi à une frustration du besoin d'expression ; être entendu, prendre la parole, sortir de l'anonymat, jouer aussi de son pouvoir de savoir, même s'il est illusoire.

Dans la chaîne de transmission que constitue la rumeur, les collaborateurs satisfont un besoin de reconnaissance à la fois individuelle et collective. Elle mobilise le groupe en créant une solidarité négative.

Là encore, le rôle de la communication dans la passation de l'information, c'est-à-dire l'équilibre entre l'information descendante et, en contrepartie, montante, devient déterminant pour la motivation dans l'entreprise.

Pour vous permettre de mieux gérer l'information dans votre équipe, nous vous proposons un tableau d'analyse qui reprend les différents types d'information nécessaires à l'équipe, la forme sous laquelle cette information doit parvenir à l'équipe, les situations où elle doit être communiquée, ainsi que la fréquence à laquelle vous vous proposez de la communiquer.

L'ANALYSE DE L'INFORMATION DANS L'ÉQUIPE				
Les types d'information	**À qui**	**La forme**	**Les situations**	**La fréquence**
• Opérationnelle :				
• Organisationnelle :				
• Relationnelle :				
• Institutionnelle :				

Il reste maintenant à regarder de plus près comment ces informations peuvent être reçues par vos interlocuteurs, et surtout à quelles conditions votre message pourra passer. C'est l'objet du prochain outil.

Faire passer un message

■ En matière de communication (dans son sens le plus global), il existe un principe essentiel à retenir : **ce n'est pas ce que l'on dit qui est important, c'est ce que l'autre comprend.** En conséquence, si nous voulons que notre information passe ou tout simplement soit « entendue » par l'autre, il nous faut d'abord savoir à partir de quoi l'autre peut nous « entendre ». Ce n'est qu'après que nous pourrons construire notre message.

Le cadre de référence

C'est un de ces « casse-tête » que tous ceux qui s'essayent à l'écriture d'un livre doivent connaître. Comment faire lire les fichiers de mon ordinateur par celui de mon éditeur. Les machines se ressemblent à s'y méprendre, les matériels et les principes de base sont sensiblement les mêmes. Seulement, la difficulté provient ici de la différence du « système d'exploitation ». Autrement dit, la manière dont est programmé mon ordinateur n'est sensiblement pas la même celle de mon éditeur. Il ne peut donc pas vraiment lire les textes de mes fichiers. Entre deux individus, le problème se pose à peu de chose près dans les mêmes termes. L'autre possède toujours un système d'exploitation légèrement ou radicalement différent du mien. Mes données sont en l'état, intraduisibles dans son système.

Ce que nous appelons système en matière d'informatique peut se nommer cadre de référence pour un humain. Ce cadre de référence peut se comparer à un filtre à partir duquel les données extérieures seront interprétées dans le système de l'autre. Il faudra donc, pour que ces données (notre message) soient correctement interprétées que nous les traduisions dans le système (le cadre de référence) de notre interlocuteur.

Ce cadre de référence se construit chez chaque individu à partir de sa personnalité, bien sûr, mais aussi de l'ensemble de son vécu : son éducation, sa formation, sa région d'origine, ses connaissances, ses valeurs, ses motivations, ses opinions, son âge, son expérience, son statut et son rôle dans l'entreprise, ses centres d'intérêt dans le travail, dans sa vie privée, etc. Nous pourrions continuer cette liste longtemps. C'est une des raisons pour lesquelles chaque individu est unique.

Il faut donc, pour faire passer notre message, nous adapter à l'arrière plan permanent de notre interlocuteur. Pour ce faire, il n'y a qu'un moyen : se centrer davantage sur lui par l'écoute et par l'observation. Le fait de bien connaître ses collaborateurs, par votre relationnel et votre analyse, constitue un atout essentiel. Il vous permet d'entrée de jeu de leur parler dans leur modèle.

Notre cerveau

Il existe une autre manière d'approcher cette question. En empruntant à la neuro-biologie certains éclairages récents, nous pouvons en retirer quelques enseignements utiles pour illustrer notre propos. Sans prétendre entrer dans des considérations d'ordre médical, nous avons schématisé ci-dessous les trois grandes zones d'un cerveau humain vu de côté.

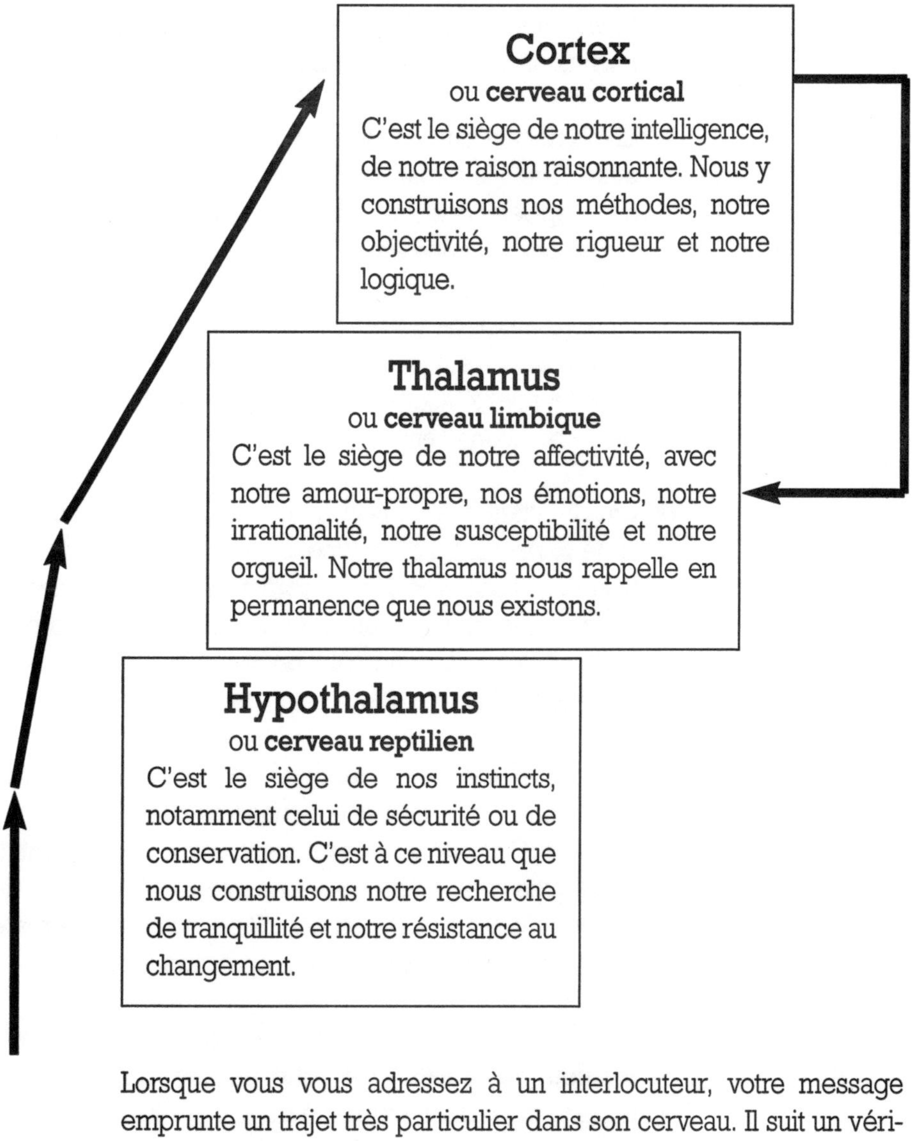

Lorsque vous vous adressez à un interlocuteur, votre message emprunte un trajet très particulier dans son cerveau. Il suit un véritable parcours du combattant en quatre étapes :

- Ce message passe tout d'abord par l'hypothalamus de notre interlocuteur. Nous l'avons vu dans le schéma, les neurones contenus dans cette partie de notre cerveau sont là pour nous rappeler en permanence que nous sommes mortels et qu'en conséquence nous devons nous protéger. Cet instinct de protection ou de survie fonctionne comme un filtre qui poserait la question « Cela n'est-il pas dangereux pour moi ? ». À ce premier niveau, votre message peut se retrouver bloqué, tout simplement parce qu'il provoque de la peur chez votre interlocuteur. Dès lors que nous parlons d'instinct, nous parlons d'irrationnel pur, tout se passe au niveau du ressenti de la personne.

- En admettant que ce message passe, il va se trouver confronté à un autre filtre : le thalamus. Les neurones du thalamus nous servent à nous rappeler que nous existons, et qu'à cet égard nous désirons que l'autre nous prenne en compte. Le thalamus va chercher à savoir en quoi le message reçu nous valorise, en quoi il nous fait exister davantage. Là aussi, de nombreux blocages peuvent apparaître ; les personnes se vexent, se froissent, se choquent, ou se sentent atteintes dans leur fierté. Cette partie de nous-mêmes relève de l'irrationalité de notre inconscient.

- En admettant que le message passe, il va atteindre le cortex. Ce message va passer un autre type d'examen ; celui de la logique. En effet, le filtre mis en place dans le cortex va chercher à savoir si votre message est logique, s'il tient debout, s'il y trouve les arguments lui permettant de comprendre le pourquoi de votre intervention. Cette opération se trouve être la seule consciente.

- À ce stade, si le cortex « approuve », votre message va repasser dans le thalamus pour subir encore une fois le test de la considération personnelle. Ce n'est qu'à ce moment, par le truchement de médiateurs chimiques complexes, que votre interlocuteur va se décider, adhérer ou refuser, dire oui ou non. C'est du siège de notre énergie, de nos actions que vont partir les ordres moteurs.

« Faire passer un message » revient donc à **permettre à votre interlocuteur de choisir,** c'est-à-dire de faire en sorte que votre message fasse le trajet dans sa totalité de son cerveau sans se retrouver bloqué à l'un des quatre niveaux. Le fait d'adhérer ou non relève de l'inaliénable liberté de votre interlocuteur.

Cette longue explication se résume à quelques millièmes de seconde chez votre interlocuteur. Nous savons donc que pour qu'une personne puisse se déterminer par rapport à votre message,

il faut que celui-ci ait franchi brillamment quatre grandes étapes en répondant à quatre niveaux d'interrogation :
– « Est-ce que cela n'est pas dangereux ? »
– « En quoi cela me valorise ? »
– « Est-ce que c'est logique ? »
– « En quoi cela me valorise ? »

Toute l'habileté consiste maintenant à savoir comment franchir au mieux ces filtres. Nous savons qu'il nous faut parler à l'hypothalamus, au thalamus, au cortex et enfin au thalamus de notre interlocuteur. Trouver un argument pour chaque niveau revient ici à rechercher comment :
• **rassurer :** anticiper la première réaction de recul et de retrait devant l'inconnu en montrant à la personne qu'il n'y a pas de danger pour elle ;
• **considérer :** lui offrir la possibilité de se visualiser positivement en relation avec ce que vous apportez. Il faut que votre intervention soit valorisante pour votre interlocuteur ;
• **argumenter :** permettre à vos interlocuteurs de comprendre rationnellement la situation en apportant des faits, des dates et des chiffres plutôt qu'une série d'opinions ;
• **considérer :** montrer en final à la personne quel intérêt elle peut trouver dans l'adhésion à ce que vous présentez, ou plus simplement lui montrer que vous avez besoin d'elle.

Bien entendu, chacun de vos arguments doit être rigoureusement vrai. La différence entre le compliment et la flatterie est parfaitement reconnue dans notre société, nous avons tous appris que « tout flatteur vit aux dépens de celui qui l'écoute ». Vos arguments doivent impérativement se trouver consolidés par des faits.

Soulignons au passage la remarquable convergence entre les analyses de Maslow et d'Herzberg sur les motivations, et cette étude issue de la neuro-biologie par Henri Laborit. En effet, nous retrouvons la double prédominance du besoin de sécurité suivi de celui de reconnaissance abordés dans l'échelle des motivations.

Mais observons plus concrètement, à partir d'exemples, comment procéder.
Il y a quelques années, un jeune directeur nommé à la tête d'une filiale avait décidé de réorganiser les méthodes de fabrication. Il fit

faire une étude qui fit apparaître, entre autres, que cette entreprise devait s'inscrire dans une démarche de certification ISO 9001. Ce directeur prépara consciencieusement son dossier et vint le moment où il fallut faire adhérer l'ensemble de ses collaborateurs à ce projet. Il décida de les réunir et de leur annoncer sa décision. Son discours peut se résumer en ces termes : « J'ai une nouvelle importante. Nous allons nous lancer dans une démarche qualité à tous les niveaux de l'entreprise. Il nous reste de gros efforts à fournir mais je compte sur vous tous pour qu'ensemble nous gagnons ce pari. »
En face de lui, le cerveau de ses collaborateurs s'était mis au travail :
– « Nous allons faire de la qualité ! Ça fait quinze ans que je suis ici et, jusqu'à présent, qu'ai-je fait ? Il ne va tout de même pas m'apprendre mon boulot ! », se dit le thalamus : blocage.
– « Il faut faire de gros efforts. Encore ! Ça fait déjà deux ans qu'on travaille comme des fous en sous-effectifs ! Et tous ces changements vont complètement nous désorganiser », se dit l'hypothalamus : blocage.
– « Gagner ce pari, ce challenge, pour quoi faire ? C'est parce qu'il est jeune et qu'il veut tout changer. C'est une mode tout ça, rien de plus », se dit le cortex : blocage.

En l'espace de quelques minutes, notre directeur a généré, avec la plus parfaite bonne foi, l'ensemble des blocages possibles chez ses collaborateurs. Nous pouvons avoir les meilleures idées du monde, si nous ne savons pas les faire passer, elles ne nous servent à rien, sinon à agraver la situation comme ce fut le cas dans cette entreprise.

Ce directeur aurait pris cinq minutes de plus pour préparer son intervention et il aurait construit son discours comme suit : « Depuis dix ans, vous avez tous fait largement progresser la qualité de nos produits, il suffit de regarder le produit X, par exemple, pour constater les gains de fiabilité. Aujourd'hui, nous ne sommes plus très loin d'obtenir la certification ISO 9001.
Il nous reste des efforts à faire mais nous prendrons le temps de mettre progressivement cela en place. Cette certification va nous permettre de nous placer sur des marchés nouveaux qui nous étaient fermés jusqu'ici. Ces nouveaux marchés devraient compenser la perte de 4 % que nous avons connue depuis deux ans sur le marché européen. Je compte sur vous tous pour réussir ce pari important pour notre société. »

À la suite d'un discours construit de la sorte, les collaborateurs peuvent d'une manière plus aisée se positionner en « pour » ou « contre » et le directeur n'aurait peut-être pas perdu deux ans pour faire certifier son entreprise.

Dans un tout autre registre, le simple fait d'appeler un collaborateur pour lui demander de passer à votre bureau le lendemain matin à neuf heures va tout aussi vraisemblablement provoquer les mêmes blocages. À peine a-t-il raccroché que son cerveau est en plein travail :
– « Pourquoi me demande-t-il de passer le voir ? Surtout à neuf heures. Il faut que ce soit important, ça ne doit pas être pour me dire que tout va bien... » : l'hypothalamus est en marche, et pour peu que votre collaborateur soit de nature anxieuse, il va y passer la soirée, sinon la nuit.
– « Mais pour qui se prend-il pour me faire venir à neuf heures dans son bureau ; je ne suis pas à sa disposition. S'il veut me voir, il n'a qu'à passer plus souvent dans le service ! » : le thalamus fait lui aussi son travail.
– « Pourquoi neuf heures ? Il sait qu'à cette heure-là je suis avec mes collaborateurs pour démarrer la journée, cela ne m'arrange vraiment pas ! » : et voilà le cortex en action.

Conclusion : le lendemain matin, votre collaborateur arrive pour vous voir à neuf heures, fatigué par une mauvaise nuit, irrité et soucieux de savoir comment la journée va démarrer pour son équipe et du temps qu'il va devoir vous consacrer.

Il vous aurait suffi la veille de prendre deux minutes pour préparer votre message et lui dire : « J'ai une réunion demain à dix heures. J'ai besoin de vous pour retravailler certains points du dossier Y avant cette réunion. Pourrait-on se voir demain à neuf heures à mon bureau ? » Vous vous donnez beaucoup plus de chance d'avoir un collaborateur détendu et motivé pour travailler avec vous. De plus, il aura peut-être pris le temps de préparer le dossier.

Vous le voyez, tout message suppose une préparation prenant en compte les quatre filtres de notre cerveau. À chaque occasion, posez-vous les quatre questions clés :
– Comment puis-je le rassurer ?
– Comment puis-je le considérer ?
– Quels arguments concrets puis-je avancer ?
– Comment puis-je le considérer ?

Vous pouvez puiser ces arguments, qui, rappelons-le, doivent être justes et vrais, dans la connaissance du travail, des motivations et du cadre de référence de votre collaborateur.

Nous vous proposons ci-dessous une fiche de préparation d'intervention auprès de vos collaborateurs. Vous pourrez vous en inspirer pour construire vos prochains messages.

Mon objectif (ce que je veux faire passer) :		
Les filtres	Les arguments	La manière de les dire
• **Rassurer :**		
• **Considérer :**		
• **Argumenter :**		
• **Considérer :**		
Résultats :		

Ce n'est pas parce qu'un message est passé qu'il se trouve pour autant accepté par vos collaborateurs. Inutile donc de vouloir transformer de mauvaises nouvelles en bonnes nouvelles pour les collaborateurs, au risque de tomber dans la démagogie. Si le message est refusé, vous pourriez peut-être passer à la négociation.

Négocier

- Les réactions de nos collaborateurs ne se passent pas toujours comme nous l'avons prévu. En effet, à l'occasion d'une demande de notre part, à l'annonce d'un nouvel objectif, ou à la présentation d'une de nos décisions, nos collaborateurs, malgré tout le soin apporté à la présentation de la nouvelle, rechignent, râlent, contestent ou s'opposent.

Nous avons alors le choix entre plusieurs stratégies de management. La première consiste à imposer, en faisant taire les récalcitrants par la force de nos propos, voire par la menace. La deuxième reviendrait à laisser tomber, à considérer que ce n'est peut-être le moment et à différer la mise en application de votre décision. La troisième prendrait l'allure d'un dialogue avec vos collaborateurs dans le but d'identifier les points de blocage et de tenter ensemble de les dépasser, quitte à céder du terrain de part et d'autre. C'est un peu la définition de la négociation.

Négocier suppose, avant toute chose, la volonté de deux interlocuteurs d'aboutir à une solution réaliste et acceptable pour les deux parties. C'est par cet état d'esprit « gagnant/gagnant » que le manager pourra faire avancer la situation et trouver avec ses collaborateurs un compromis durable.

Toute négociation part toujours d'une objection. L'objection est un obstacle qu'il va falloir dépasser, traiter, ou contourner. Nous vous proposons ici un outil en cinq étapes pour traiter une objection.

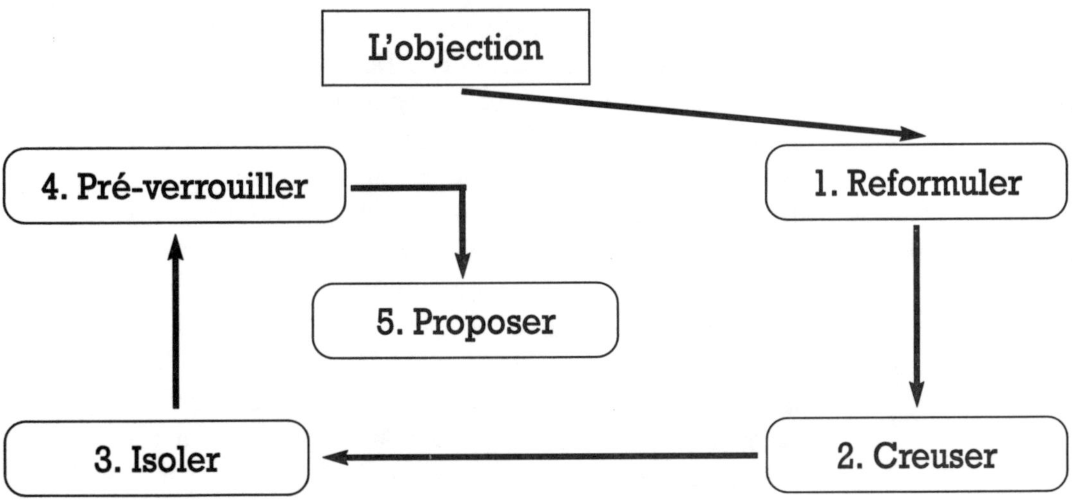

Ce **« cycle de traitement de l'objection »** demande des explications complémentaires. Reprenons chacun des points de ces cinq étapes :

- **1. Reformuler :** nous avons déjà abordé la reformulation dans les « sept règles d'or de la communication ». Ici, la reformulation systématique de l'objection de votre interlocuteur va vous permettre de vérifier si vous avez bien saisi les termes de l'objection. Ensuite, c'est un temps pendant lequel vous pouvez réfléchir ou « encaisser » la surprise du refus. Et enfin et surtout, vous montrez à votre collaborateur que vous prenez en considération, par votre écoute, son refus. C'est un point essentiel pour pouvoir engager le dialogue sur une voie « gagnant/gagnant ». Pour vous dire non, votre collaborateur a certainement besoin de surmonter l'appréhension de votre réaction, certaines personnes ne peuvent dire non qu'en se mettant en colère ou tout du moins en injectant beaucoup d'énergie dans leurs propos. Tant que cet état émotif fort subsistera chez votre interlocuteur, il ne sera pas en mesure de se placer sur une « autre fréquence », plus calme et constructive. Par la reformulation, vous l'aidez à dépasser cette tension en lui montrant que vous êtes disposé à écouter ses propos. En général, nous crions parce que nous avons peur que l'autre n'entende pas, au sens propre comme au sens figuré.

- **2. Creuser :** il est extrêmement rare qu'une objection qui vient d'être formulée révèle le vrai blocage. Un peu à la manière dont on dit à son médecin que l'on ne se sent pas très bien et que l'on ressent des coups de fatigue ; nous restons vague. Si notre médecin nous prescrivait directement un traitement, nous serions en droit de nous poser des questions sur sa compétence. Nous lui demanderions pourquoi il ne cherche pas à creuser ces symptômes par des questions plus précises ou une auscultation. Il en va de même pour le manager. Il ne doit pas procéder à une auscultation, mais au moins à une recherche plus approfondie à partir de questions ouvertes. Une fois le problème cerné, quelle que soit sa nature (matérielle, affective ou de principe), vous devez tomber d'accord sur une formulation commune de ce problème.

- **3. Isoler :** cette étape vous conduit à isoler le problème que vous venez de creuser en demandant à votre collaborateur s'il ne voit pas d'autres raisons ou objections qui le bloqueraient. Ce n'est pas par masochisme mais, si d'aventure une autre objection planait dans l'esprit de votre interlocuteur, il ne manquera pas de vous le faire savoir, et en général au moment où vous finissez de traiter la première. À ce stade de la négociation, il vaut mieux avoir clairement sur la table l'ensemble des obstacles perçus par votre interlocuteur. S'il avait effectivement une autre objection, il faudrait revenir à l'étape 1 en reformulant et à l'étape 2 en creusant. Vous devez avoir à cette étape l'ensemble des objections.

- **4. Pré-verrouiller :** derrière ce terme peu élégant se cache un moment capital de votre négociation. Vous savez quelles sont très précisément les objections de votre collaborateur, il vient de vous confirmer qu'il ne voyait pas d'autres obstacles que ceux qu'il vous a présentés. Vous allez maintenant vérifier sa bonne foi. En effet, vous savez que l'on ne peut pas négocier d'une manière constructive avec quelqu'un de mauvaise foi, il est donc indispensable avant d'aller plus loin de prendre cette précaution. Jusqu'ici, vous avez fait comme si les arguments de votre collaborateur étaient de vrais arguments et non pas un simple rideau de fumée pour dissimuler un esprit purement négatif à l'égard de votre intervention. Vous avez joué « le crédit d'intention » plutôt que « le procès d'intention » qui vous aurait directement conduit au conflit. À ce stade, vous allez donc vérifier ce point capital par un simple conditionnel. Vous lui demandez si, éventuellement, il serait disposé à accepter votre directive, si, de votre côté, vous pouvez apporter une solution satisfaisante à son ou ses problèmes. À ce moment, il faut impérativement une réponse positive de sa part avant de vous engager dans l'étape 5. En cas de refus de sa part, il vous suffira de lui rappeler qu'il était d'accord sur les problèmes avancés et qu'il ne voyait pas d'autres obstacles, d'où votre étonnement quand il refuse de voir ses difficultés momentanées résolues. C'est une manière de le confronter à sa propre logique et de mettre à jour sa mauvaise foi. Il suffira simplement de remettre les compteurs à zéro par un recadrage, et vous n'aurez pas perdu votre temps et votre énergie à chercher des solutions à un faux problème.

Maintenant, si votre collaborateur accepte votre conditionnel, il prouve sa bonne foi et s'engage à chercher avec vous les solutions qui vous permettront de déboucher sur l'action. Que ce soit entre un manager et son collaborateur ou entre deux nations, le principe de négociation reste rigoureusement le même. À la question « Si nous trouvions, une solution qui vous satisfasse dans la revendication de ces territoires, vous, de votre côté, pouvez-vous vous engager à reculer de cent kilomètres vos rampes de missiles ? » Tant que vous n'avez pas obtenu un oui franc et massif, ne faites rien, ou vous allez tomber dans un jeu de dupes ! Voilà pourquoi cette étape se nomme « pré-verrouillage ». Elle résout en général 90 % du problème. Les 10 % restants consistent à trouver une solution. Avec de la bonne foi, nous savons « qu'il n'y a plus de problème, il n'y a que des solutions ».

- **5. Proposer :** cette étape dépend de la situation et des possibilités que vous avez de répondre d'une manière satisfaisante aux différentes objections de votre collaborateur. Vous pouvez utilement vous aider des **méthodes de résolution de problème.** Nous réservons trop souvent ces méthodes au cadre de séances « qualité » alors qu'elles nous seraient précieuses, débarrassées de leur côté formel, dans notre vie de tous les jours.

Après avoir décliné chaque étape, passons à une illustration simple du « cycle de traitement de l'objection ».
Un manager demande, dans l'après-midi, à l'un de ses collaborateurs de rester un peu plus tard.
– « C'est impossible », répond vigoureusement le collaborateur : l'objection.
– « Bien, tu ne peux donc pas rester ce soir », souligne le manager d'une voix calme : la reformulation.
– « Il y a quelque chose qui t'en empêche ? »
– « Je dois passer prendre mon épouse à 17 h 30 à son travail pour qu'elle soit à la maison quand les enfants rentreront de l'école ! » : creuser, nous en savons déjà plus que le simple « c'est impossible ».
– « Je comprends, ils s'inquiéteraient de trouver porte close et en plus par ce temps… » (empathie), « et c'est la seule raison pour laquelle tu ne peux pas rester ce soir ? » : isoler.
– « Oui, il n'y a que ça, mais c'est suffisant. »
– « Bien, et si on trouvait un solution qui fasse que ton épouse soit à la maison à 18 h pour accueillir tes enfants, serais-tu disposé à rester ce soir ? » : pré-verrouillage.
– « Oui, bien sûr ! »
– « Écoute, voilà ce que je te propose : nous allons appeler un taxi qui passera prendre ton épouse à son travail, elle sera donc chez vous à 18 h, qu'en penses-tu ? » : proposition.
– « D'accord, dans ces conditions, je reste. »

Ce simple exemple vous montre comment, par un dialogue très court, vous pouvez résoudre des difficultés qui tourneraient au conflit et à une démotivation certaine si vous imposiez directement votre solution sans chercher à comprendre la nature du blocage ou des réticences de vos collaborateurs.

Former un collaborateur

■ L'augmentation des compétences de chaque salarié représente un des enjeux stratégiques de toute entreprise, c'est une évidence. Certains métiers évoluent à une vitesse toujours croissante. Nous en voyons disparaître certains, apparaître d'autres, et l'une des questions qui se posent à toute entreprise est de savoir comment accompagner son personnel tout au long de ces mutations professionnelles. Le double intérêt se révèle flagrant : pour l'entreprise qui veut conserver son niveau de compétitivité sur son marché, et pour le salarié qui veut garder son niveau de compétence professionnelle et donc, à terme, son emploi.

Il existe, depuis de nombreuses années, toute une panoplie de mesures et d'outils à la disposition des entreprises et des salariés. Mais nous savons qu'une formation efficace est une formation au plus près du terrain. Et qui, mieux que le manager direct, peut diagnostiquer, préparer, planifier cette formation, peut-être même former, et surtout accompagner ses collaborateurs dans la mise en pratique sur le terrain ?
Les services de formation des entreprises ont leurs compétences, mais ils ne peuvent, ni ne doivent, d'ailleurs, se substituer aux managers dans leur rôle de diagnostic et de suivi dans le quotidien du collaborateur, favorisant ainsi, par cet ancrage dans le réel, la consolidation de nouveaux savoir-faire.

Nous vous proposons une méthode vous permettant d'intervenir sur les points essentiels du processus de formation de vos collaborateurs et aussi, plus simplement, de suivre les étapes de ce processus. Nous avons décomposé l'ensemble de l'opération en huit grandes étapes. Chacune de ces étapes se doit d'être rigoureusement respectée pour un accompagnement efficace de la progression des collaborateurs.

- **1. L'étape de prospective :** cette étape se situe très en amont du processus lui-même. Elle vise surtout à une sensibilisation des évolutions des métiers ainsi que des collaborateurs à moyen terme, c'est-à-dire entre deux et quatre ans. L'évolution des métiers peut se cerner à partir de trois grands axes de réflexion :
  – **les progressions technologiques :** l'exemple de la systématisation de la commande vocale sur les micro-ordinateurs va vraisemblablement modifier les besoins de compétences en dactylographie dans l'entreprise d'ici cinq à sept ans :
  – **le développement ou la récession de certains métiers** liés à la politique stratégique de l'entreprise : nous voyons des entreprises se recentrer sur leurs activités de base, délaissant et sous-traitant les activités périphériques ;
  – **l'évolution des demandes des clients** externes comme internes qui conditionnent à terme la nature même de l'activité : par exemple, l'émergence de la notion de qualité d'accueil dans l'entreprise a considérablement contribué à l'évolution du métier d'hôtesse ou de standardiste.

  Chacun des ces points peut faire l'objet d'une recherche de la part du manager en fonction des métiers de son équipe. Une fois cette étape franchie, le manager rencontre un à un ses collaborateurs. Ces entretiens suivent les étapes suivantes :

- **2. L'étape de constat :** les besoins en formation sont souvent identifiés lors de l'entretien annuel d'évaluation. C'est à partir d'un outil de mesure sérieux, permettant d'établir un « état des compétences », que le manager et son collaborateur peuvent effectuer une analyse objective. Le manager doit donc disposer d'un tel outil pour faire le point sur les compétences réelles et les compétences souhaitées de ses collaborateurs. Cette comparaison va faire apparaître les zones de progrès. À cette étape, le collaborateur prend conscience de ses marges de progrès possibles.

- **3. L'étape de l'envie :** nous le savons, nous motivons nos collaborateurs en relation avec quelque chose de mieux. La perspective d'un progrès personnel sur des sujets connus ou encore inconnus, d'une meilleure maîtrise, d'une plus grande habileté, va générer une plus grande envie chez un collaborateur que le simple fait de rattraper un manque ou une lacune. À ce stade, votre collaborateur doit percevoir ce qu'il va gagner. La prise de conscience de l'enjeu positif pour lui va éveiller son désir d'apprendre et de s'améliorer. Le dialogue et la participation constituent bien entendu les techniques de base de cette étape.

- **4. L'étape de validation :** votre collaborateur vous a donné son accord de principe à l'étape précédente, il est motivé et perçoit clairement les bénéfices qu'il va tirer de sa progression. Vous allez concrétiser dans cette nouvelle étape les moyens pour y parvenir. Cela peut se faire de trois façons différentes :
  – vous faites parvenir une demande au service formation de votre entreprise qui s'occupera de rechercher le stage le mieux adapté ;
  – vous recherchez vous-même le type de formation correspondant à votre collaborateur ;
  – vous construisez en interne la formation de votre collaborateur.

  Une fois le type de formation choisi, vous devez le faire valider par votre collaborateur. Vous allez lui expliquer les objectifs de cette formation, les contenus, les méthodes utilisées, ainsi que les modalités pratiques (dates, lieu, notes de frais, etc.). Une fois l'ensemble de ces points compris, acceptés et validés par votre collaborateur, vous pouvez prendre un rendez-vous pour faire un point quelques jours après la formation.

- **5. L'étape de synthèse :** à l'issue de la formation de votre collaborateur, faire le point s'impose. En effet, c'est le moment le plus difficile pour lui. Il se retrouve sur le terrain avec de nouvelles idées et de nouvelles techniques, et se demande comment il va pouvoir mettre tout cela en place dans son quotidien. À ce moment précis, vous pouvez lui être d'une aide tout à fait précieuse. Vous avez trois questions clés à lui poser :
  – Qu'est-ce qui a retenu le plus votre attention ?
  – Que comptez-vous mettre en place concrètement sur le terrain ?
  – En quoi puis-je vous aider ?
  Votre collaborateur se sentira soutenu et pourra réfléchir avec vous aux moyens nécessaires pour intégrer ses acquis dans son quotidien. Nous savons que la mise en place de nouvelles techniques doit se faire par étapes successives. Vous pouvez donc décider avec votre collaborateur d'un calendrier de réalisations.

Vous pouvez, pour ce faire, vous inspirer du modèle ci-dessous.

Plan personnel de progression				**Nom :**	
Objectifs	Étapes	Moyens	Planning de réalisations	Résultats	Dates de suivi
	1. 2. 3. 4. 5.				

■ **6. Les étapes de suivi :** le pluriel sous-entend la mise en place d'une série de suivis par le manager en fonction des grandes étapes de réalisations. Le suivi a un triple but :
– montrer au collaborateur que sa progression vous intéresse et qu'il s'agit pour vous de quelque chose de sérieux ;
– assurer un contrôle des réalisations sur le terrain ;
– encourager et soutenir votre collaborateur dans ses efforts.
Tout apprentissage suppose la capacité de dépasser l'échec, vous pouvez « supporter », au sens sportif du terme, votre collaborateur dans cette progression. C'est par la répétition qu'il atteindra un niveau d'aisance et de liberté suffisant sur le terrain.

■ **7. L'étape du succès :** votre collaborateur a atteint le niveau de progression qu'il s'était promis. C'est le moment de procéder au bilan de son action en reconnaissant à la fois ses efforts et les compétences validées sur le terrain.

■ **8. L'étape de l'autonomie :** votre collaborateur propose à ce stade des solutions d'amélioration et peut même prendre en charge la formation d'autres collaborateurs de l'équipe. Ces étapes peuvent se visualiser comme suit.

Reconnaître un collaborateur

- Les actes les plus simples sont souvent les plus difficiles à réaliser. Dire à un collaborateur que son travail est bon relève d'un certain courage. La plupart du temps, nous ne disons rien, comme si notre collaborateur devait comprendre que ce silence correspond à une approbation. Souvent, le « message » est compris comme tel et tout semble bien se passer. Est-ce suffisant ?

Il est facile de comprendre que non ! Nous l'avons vu, l'être humain a besoin de se sentir reconnu par son entourage pour se développer et progresser. C'est vrai pour les enfants comme pour les adultes. Nous avons tous ressenti cette désagréable impression de n'être pas reconnu pour un travail ou simplement dans le quotidien. Mais pourquoi cette pénurie de signes de reconnaissance ? Pourquoi est-il si difficile de dire à un collaborateur qu'on apprécie son travail et sa collaboration ? Sur ce point, il faut l'avouer, notre culture et nos croyances constituent plutôt des handicaps. Il suffit de nous remémorer notre scolarité pour comprendre qu'à cette époque, nos notes, c'est-à-dire ce que valait notre travail, étaient principalement construites à partir de nos fautes et non pas de nos réussites. Quand votre enfant fait une dictée de cinq cents mots et qu'il y fait cinq fautes et plus, il obtient un zéro. Zéro, cela veut dire « rien ». Allez expliquer à un enfant qu'il n'a le droit qu'à une marge d'erreur de 1 % ! Il vous répondra sans doute que vous lui demandez une performance digne de la précision d'un ingénieur accompli. Dans la vie professionnelle, nous continuons encore souvent à raisonner par soustraction.

Notre pudeur à reconnaître les mérites de nos collaborateurs provient aussi de la peur de se voir considéré comme un flatteur ou un démagogue. De plus, la crainte que trop de reconnaissance puisse enhardir nos collaborateurs pour demander une augmentation finit de nous convaincre qu'il vaut mieux ne rien dire. Alors, au fil du temps, se creuse un écart entre les attentes de nos collaborateurs et nos réactions. Ils acceptent de fait la pénurie, ils s'adaptent, et finissent par ne plus rien attendre de ce côté-là. C'est très exactement la définition de la démotivation.

Nous vous proposons une méthode en dix points pour reconnaître, féliciter et encourager vos collaborateurs.

- **1.** Il faut au départ **un fait.** C'est à partir d'un constat de réalité que vous pouvez agir. Le respect d'un délai, la remise d'un dossier, un programme de production sans incidents..., profitez de toutes les réussites de vos collaborateurs pour intervenir directement ou bien notez-les pour vous en souvenir.

- **2.** Une fois en face de votre collaborateur, **montrez que vous avez constaté le fait en question :** « J'ai regardé les tableaux de production de la semaine... », ou « J'ai lu votre dossier sur l'affaire Y... » Il faut bien sûr que cela soit vrai !

- **3. Exprimez votre avis :** « Je trouve que l'équipe produit une qualité constante depuis trois semaines... », « La proposition que vous faites est très réfléchie... »

- **4. Exprimez votre satisfaction :** « Je suis impressionné par ces résultats... », « C'est un excellent travail d'analyse... »

- **5. Faites parler votre collaborateur :** « Comment expliquez-vous ce bon résultat ? », « Comment avez-vous procédé ? »

- **6. Écoutez attentivement votre collaborateur :** votre écoute sera la garantie de votre authenticité. Elle a pour but de faire prendre conscience à votre collaborateur de ses propres ressources positives, et surtout de la méthode qu'il a utilisée pour réussir. Il est tout aussi important de comprendre comment on a réussi que de savoir comment on a échoué.

- **7. Reformulez** les propos de votre collaborateur en soulignant la méthode qu'il a utilisée : « Si je comprends bien, ce sont ces réunions de production tous les matins qui, en permettant de faire le point sur la production de la veille, ont permis à l'équipe de mieux se mobiliser sur la qualité ? », « J'ai noté que vous avez utilisé la check-list de contrôle après chaque opération. »

- **8. Encouragez** votre collaborateur sur les méthodes utilisées. « Ces réunions sont une très bonne idée, je vous invite à continuer dans cette voie. » « C'est une excellente initiative de votre part, vous gagnez progressivement en compétence. »

- **9. Laissez votre collaborateur entendre vos encouragements :** donnez-lui le temps d'entendre et d'écouter vos encouragements, soyez concis et attendez sa réaction.

- **10. Concluez l'entretien :** quittez-vous sur une note positive : « Continuez comme ça ! » ou « Vous êtes sur le bon chemin. »

Surtout n'en profitez pas pour parler d'autres sujets dans la foulée, laissez à votre collaborateur le temps de bien intégrer votre intervention. De la même façon, refusez ses propos négatifs et dévalorisants pour lui, comme : « C'est un coup de chance » ou « Oui, mais tout ne marche pas aussi bien. » Chaque chose en son temps, vous traiterez les points qui vont moins bien dans un autre entretien.

Recadrer un collaborateur

- Dans le même ordre d'idée, nous pouvons considérer que le fait de recadrer nos collaborateurs, c'est-à-dire leur signifier clairement notre désapprobation sur un point de leur travail, relève aussi des signes de reconnaissance que nous leur devons. Qu'ils soient positifs ou négatifs, ils sont attendus par le collaborateur. La justice et l'équité font partie des qualités essentielles du manager aux yeux de ses collaborateurs. Mais sur ce point également, il faut avoir le **courage de le dire.** La manière dont vous allez vous y prendre sera bien entendu déterminante. Nous vous proposons, pour vous y aider, une méthode en 12 points.

- **1. Préparez l'entretien :** il faut rassembler les faits et bien vérifier qu'il y a faute ou manquement. Reprendre votre analyse du collaborateur et repérer les points positifs de ses comportements et de ses compétences pour avoir une vision plus globale. Prendre un rendez-vous avec l'intéressé.

- **2. Démarrez l'entretien :** après la phase d'accueil où vous avez mis à l'aise votre interlocuteur par votre attitude d'ouverture, annoncez-lui l'objet de l'entretien : « Je désire aborder avec vous tel incident ou tel aspect de votre conduite dans l'équipe. » Soulignez que vous avez conscience de tous les points positifs de sa collaboration. Précisez-lui votre objectif : « Je désire que nous trouvions ensemble le moyen pour que cela n'arrive plus. »

- **3. Présentez les faits :** sans porter de jugement, apportez les faits, les chiffres et les dates liés à l'incident. Précisez en quoi cela pose problème, à vous, à l'équipe et à l'entreprise.

- **4. Faites parler l'intéressé :** tout d'abord, il est important qu'il reconnaisse les faits. Ensuite, demandez-lui comment il perçoit la situation.

- **5. Écoutez votre collaborateur :** dégagez la manière dont il perçoit la situation, comment il l'explique et en quoi il admet sa part de responsabilité.

- **6. Reformulez en synthèse :** montrez-lui que vous l'avez écouté et demandez-lui s'il est conscient que l'incident pose problème.

- **7. Vérifiez son état d'esprit :** demandez-lui s'il voit la nécessité de trouver une solution et, dans un cas plus grave, s'il perçoit la nécessité d'une sanction.

- **8. Décidez :** trouvez ensemble les solutions qui permettront d'éviter à l'avenir ce type de problème. Dans un cas plus grave, signifiez-lui la sanction que vous avez décidée.

- **9. Concrétisez :** verrouillez l'accord passé avec votre collaborateur par un objectif précis et surtout des points de suivi réguliers. Dans le deuxième cas, vérifiez si la sanction décidée lui paraît juste par rapport à lui et au groupe.

- **10. Encouragez pour l'avenir :** soulignez que l'incident est clos. Précisez à votre collaborateur que vous êtes toujours disponible pour l'aider. Demandez-lui comment il se sent.

- **11. Concluez l'entretien :** rappelez à votre interlocuteur les points positifs de son travail. Réaffirmez-lui votre confiance et finissez sur une note sympathique et positive en lui disant que vous êtes heureux d'avoir eu cette discussion.

- **12. Normalisez les relations :** attendez quelques jours et profitez d'une occasion pour rencontrer votre collaborateur. Ne parlez plus de l'incident, ayez une attitude ouverte, franche et simple pour que votre collaborateur comprenne que c'est bien fini.

Déléguer

■ Parmi les missions du manager, la délégation reste sans aucun doute l'une des plus importantes. Elle remplit, en un seul acte, la double exigence du maintien de la motivation et de l'accroissement des compétences pour les collaborateurs. Elle résume par ces deux dimensions l'une des finalités premières du management : rendre plus compétents, autonomes et motivés les membres de son équipe. La délégation, largement associée à toutes les recettes managériales, reste la chose la plus compliquée à effectuer et, de ce fait, se rencontre le plus souvent au stade de l'intention et du vœu pieux dans le quotidien des équipes. C'est pourquoi, il nous semble opportun, dans un premier temps, de rechercher les freins ressentis par le manager dans la délégation. Cette étape nous permettra de définir les contours exacts de la délégation avant de décliner en six grandes phases le processus de mise en place d'une délégation.

Les freins à la délégation sont nombreux et diffus. Ils se trouvent, dans leur grande majorité, associés au système de croyances des managers plutôt qu'à l'objectivité des situations. Il faut, pour déléguer, avoir dépassé un large champ de craintes personnelles. Nous pouvons en distinguer sept principales, très dépendantes les unes des autres :
– la crainte de ne plus contrôler la situation : en perdant l'initiative de l'action dans ses moindres détails, le manager a la sensation de perdre le contrôle de la situation ;
– la crainte de se sentir inutile : « faire faire » peut être perçu comme une perte d'utilité immédiate du manager qui, se sentant coupé de l'action du terrain, se rend de moins en moins indispensable ;
– la crainte que la réalisation de la tâche déléguée ne se fasse pas comme le manager l'aurait souhaitée : en se focalisant sur la manière de réaliser la tâche, plutôt que sur le résultat final, le manager peut tomber dans le paradoxe bien connu du « fais comme tu veux mais quand même comme je te le dis », position intenable à terme ;
– la crainte de se voir dépasser par l'équipe : quand l'image d'autorité du manager repose presque exclusivement sur sa compétence de type technique, il est certain qu'une augmentation des compétences de l'équipe suivie d'une plus grande autonomie, va être vécue par le manager comme une perte d'autorité et donc de statut ;
– la crainte de l'échec : voir échouer un collaborateur dans une

délégation n'est pas chose facile. Le manager doit, d'une part, intervenir pour recadrer son collaborateur et, d'autre part, il doit expliquer cet échec devant sa propre hiérarchie. La peur de cette double confrontation amène souvent le manager à continuer à faire lui-même ;
– la crainte d'avoir à gérer des demandes d'augmentation : devenir plus performant et plus autonome suppose, à terme, d'obtenir une rémunération en relation avec l'accroissement des compétences. Dans une période à faible augmentation salariale, certains managers hésitent à se retrouver dans la situation de refuser une augmentation demandée légitimement ;
– la crainte de perdre du temps : un collaborateur qui remplit une mission pour la première fois va vraisemblablement mettre plus de temps. L'obsession du temps et le stress qui l'accompagne, font dire à de nombreux managers qu'ils auraient plus vite fait de s'en occuper eux-mêmes et négligent ainsi un investissement précieux à moyen terme.

Il y a certainement d'autres raisons conscientes ou non qui font obstacle à la délégation. Le résultat est néanmoins toujours le même ; le cercle vicieux qui fait que le manager ne peut pas déléguer car son équipe n'est pas compétente sur tel ou tel point et que, de plus, il n'a pas le temps de la former. L'équipe, de ce fait, ne deviendra jamais suffisamment compétente pour assumer les délégations.

Briser ce cercle revient tout d'abord à observer en toute franchise, pour soi-même, quel type de crainte on évite en se trouvant toutes les bonnes raisons pour ne pas déléguer.

Ces craintes existent. Inutile de vouloir les gommer à l'aide de slogans ou d'injonctions de type « Il faut » ou « On doit ». Essayons plutôt de regarder ce qu'est réellement la délégation et en quoi elle peut apporter au manager plus d'avantages que les désagréments spontanément ressentis.

Déléguer, c'est confier de l'autorité.
Nous déléguons l'autorité en « chargeant quelqu'un d'une mission, d'une fonction dans la transmission de son pouvoir » (Le Petit Robert). Confier des tâches n'est en aucun cas déléguer. Il faut tout d'abord

déterminer une mission en termes de résultats à atteindre et ensuite le pouvoir de décision en relation avec la réalisation de ce but. La notion de délégation reste inséparable de celle du pouvoir. La question devient : « Quel champ de pouvoir, en termes d'étendue et de limite, va-t-on confier à un collaborateur pour lui permettre de remplir sa mission ? » Ici, la précision des limites du pouvoir en adéquation avec la mission devient capitale.

- **Déléguer, c'est rendre responsable.**
La responsabilité se construit dans l'indissociable coexistence d'un pouvoir de décision et de la soumission au contrôle. Sans pouvoir de décision, nous avons vu qu'il n'y avait qu'une subordination à un ordre, une simple exécution sans réel pouvoir quant à la décision. Tout pouvoir suppose de rendre compte de son exercice. L'exercice d'un quelconque pouvoir, sans soumission au contrôle, conduit à la tyrannie ou au despotisme, c'est-à-dire à l'irresponsabilité Dans nos modèles d'organisation occidentaux, plus un pouvoir est fort, plus le contrôle de l'utilisation de ce pouvoir doit s'accompagner du contrôle fort. Responsabiliser ses collaborateurs revient donc à leur définir un champ de pouvoir sur lequel ils ont une autorité et conjointement organiser avec eux le contrôle de l'utilisation de ce pouvoir.

- **Déléguer, c'est garder son entière responsabilité.**
La seule chose qui ne peut être déléguée, c'est notre responsabilité en tant que manager. Nous restons comptables de l'usage de l'autorité confiée à nos collaborateurs. C'est pourquoi il vaut mieux parler de « délégation d'autorité » plutôt que de « délégation de responsabilité ».

- **Pourquoi déléguer ?**
Pour **mieux gérer son temps :** le temps est une ressource limitée. Le manager trouvera son accomplissement personnel dans les missions qui lui incombent, c'est-à-dire :
– la fixation des objectifs généraux de son service ou de son équipe ;
– le contrôle et la synthèse des activités et des résultats de son équipe ;
– les décisions importantes de coordination à moyen terme ;
– les décisions relatives à la gestion des hommes : évaluation, promotion, engagement, réprimande, etc. ;

– les propositions et les négociations avec son niveau hiérarchique supérieur ;
– le management de son équipe au quotidien.
La délégation permet au manager de se centrer sur sa mission au lieu de résoudre des problèmes pouvant être réglés par ses collaborateurs.

■ **La délégation est la fois un instrument de formation et de motivation.**
Nous n'apprenons véritablement que par nos propres expériences. C'est pourquoi notre capital d'expériences personnelles constitue les fondations de nos compétences. La délégation offre précisément cette expérimentation en direct sur le terrain et devient l'occasion d'une formation permanente pour nos collaborateurs. Rappelons-nous que nous n'avons pas appris à conduire simplement en regardant les autres au volant mais en conduisant nous-mêmes.
Se voir confier une mission dans son travail est la preuve de la reconnaissance que nous apporte notre manager. De plus, l'initiative et l'autonomie, par la responsabilité qu'elles confèrent, répondent tout à fait au besoin d'accomplissement de soi.

■ **La délégation garantie le bon fonctionnement de l'entreprise.**
Nous savons que plus nous nous trouvons aux prises avec la réalité du terrain, mieux nous percevons les contraintes et les opportunités de l'action. Les collaborateurs sont sûrement les mieux placés pour savoir quoi faire et comment agir dans leur quotidien. Chaque fois qu'un manager prend une décision qui aurait pu être prise par ses collaborateurs, il prend le risque d'une inadéquation entre sa décision et la réalité, avec la frustration que cela suppose pour ses collaborateurs. Il alourdit le prix de la décision, et pendant ce temps ne s'occupe pas de ses propres missions. Il génère donc trois catastrophes pour son entreprise.

■ **Comment déléguer ?**
La délégation est avant tout un état d'esprit qui passe d'abord par une réflexion sur soi et son équipe. Il n'en demeure pas moins que le processus même de la délégation se doit de suivre un cheminement qui facilitera la démarche du manager. Nous vous proposons un déroulement en 6 étapes pour mettre en place une délégation.

- **Les 6 étapes de la délégation :**

1. Analyser :

Avant toute chose, il faut savoir ce que l'on va déléguer et à qui. C'est à partir d'une analyse détaillée que le manager pourra déterminer ce qu'il peut déléguer. Il devra pour cela :
– répertorier les différentes fonctions du service ou de l'atelier : la liste de celles déjà assumées par l'équipe ainsi que les nouvelles qui vont donner lieu à des missions particulières ;
– faire un bilan de son activité personnelle. Nous gardons tous des activités que nous pourrions déléguer. En faisant le bilan de nos activités sur une période significative (voir le modèle au chapitre 1), nous pourrions repérer les actions qui sont plus du ressort de l'équipe que du notre ;
– établir un bilan des compétences validées des collaborateurs. C'est le moment de reprendre la grille « vouloir / savoir » présentée au chapitre 3. En effet, le choix du collaborateur ne doit pas forcément se faire sur la disponibilité momentanée d'un membre de l'équipe, mais se doit d'être pensée à partir des compétences et des motivations de chaque collaborateur. Le choix du collaborateur va largement dépendre de ses ressources de créativité, de son sens des responsabilités et de ses possibilités de perfectionnement. Déléguer revient avant tout à faire confiance dans la capacité de progression d'un collaborateur.

2. Préparer la délégation :

– décrire la mission confiée : définir les objectifs de manière précise et les résultats attendus ;
– lister les informations nécessaires à la compréhension de la mission. Définir le temps global que pourra prendre cette nouvelle mission dans l'activité du collaborateur. Spécifier ses interlocuteurs dans cette mission ;
– définir les limites du champ d'action et les moyens à mettre à disposition ;
– réfléchir à une éventuelle formation : reprendre la liste des compétences du collaborateur en comparaison avec celles nécessaires pour mener à bien la mission. S'enquérir des possibilités de formation, soit en interne soit à l'extérieur de l'entreprise ;
– clarifier les modalités de contrôle : à partir des objectifs mesurables, repérer les points de suivi essentiels dans les différentes phases de réalisation de la mission ;

– lister les risques potentiels et anticiper leurs solutions : Imaginer ce qui se passerait en cas d'échec du collaborateur et envisager des solutions de secours. La pratique du « plan B » a comme effet de calmer la crainte due à la perspective de l'échec ;
– faire une liste des personnes à informer de cette délégation : penser à avertir sa hiérarchie mais aussi les différents services en relation avec le collaborateur dans sa nouvelle mission ;
– prévoir le temps nécessaire pour le suivi : évaluer le temps que la formation et les points de suivi vous prendront pour vous rendre disponible.

3. Présenter la délégation :
– valoriser le collaborateur en relation avec la mission : lui présenter en quoi la mission confiée est importante en soulignant les enjeux, et surtout expliciter votre choix. Chaque argument doit être rigoureusement vrai et authentique de votre part ;
– rassurer votre collaborateur sur les risques : exprimer votre confiance dans ses potentialités et préciser le temps de mise en place de la délégation ainsi que les mesures d'accompagnement que vous avez envisagées ;
– présenter clairement l'ensemble de la mission : après avoir vérifier que les éventuels blocages étaient résolus, décliner point par point les objectifs de la mission essentiellement en termes de résultats.

4. Faire exprimer le collaborateur sur sa vision de la mission :
– ouvrir l'échange en l'invitant à préciser la manière dont il compte réaliser cette mission : il faut accepter qu'il ait sa propre idée sur son organisation. En effet, si vous avez préparé un programme trop détaillé des actions à entreprendre, il n'y a plus de délégation, mais simplement un passage d'ordre dans lequel votre collaborateur a très peu de latitude d'action. Il doit donc proposer lui-même son programme de réalisation, quitte, bien sûr, à trouver des solutions communes d'amélioration.

5. Négocier sur les moyens, les délais, les résultats et les contreparties :
– repérer les points de désaccord : lors de l'écoute de ses propositions, vous percevrez vraisemblablement des points de désaccord. Il faut les noter, en évitant d'interrompre votre interlocuteur. C'est dans

la phase de reformulation que vous lui indiquerez les points sur lesquels vous voudriez revenir ;
– vérifier l'authenticité des points de blocage : l'utilisation du « cycle de traitement des objections » peut vous être d'une grande utilité pour discerner les vrais blocages, des blocages « alibis » ;
– rechercher des solutions communes : utiliser les techniques de résolution des problèmes plutôt que vous focaliser sur la première solution envisagée. L'esprit « gagnant/gagnant » sera le meilleur garant d'une négociation juste pour vous et votre collaborateur.

6. Suivre et accompagner le collaborateur :
– souligner les grandes étapes de réalisation : une fois d'accord sur les actions à entreprendre et leurs modalités de réalisation, convenir avec lui d'un calendrier d'application pour chaque étape de la mission en regard avec les résultats attendus ;
– mettre en place un calendrier de suivi : prévoir des dates de suivi où vous pourrez faire le point ensemble. Avant de définitivement les fixer, réfléchir au fait que vous ne devez en aucun cas intervenir auprès de votre collaborateur sur sa mission entre ces dates sauf si votre collaborateur vous le demande. Cette « non-ingérence » dans le déroulement des opérations sera la garantie de votre confiance ;
– intégrer la mission au poste du collaborateur : après l'avoir accompagné avec succès tout au long de la phase de lancement et de réalisation de sa nouvelle mission, vous pouvez envisager de relâcher la fréquence des dates de suivi. À terme, cette mission pourra s'intégrer aux missions permanentes, c'est-à-dire au poste du collaborateur ;
– officialiser l'intégration de la mission en tant qu'objectif permanent : l'entretien d'évaluation permet de sanctionner l'intégration de la mission avec si possible la demande d'augmentation en relation avec l'extension du champ de compétences du collaborateur.

Le droit à l'erreur

■ Une des conditions essentielles pour maintenir une crédibilité durant tout le processus de la délégation reste le maintien du droit à l'erreur vis-à-vis du collaborateur. C'est à la fois un choix de départ et une rigueur de la part du manager. En ne faisant pas transparaître son stress ou simplement ses inquiétudes dans la manière de gérer les difficultés du collaborateur, le manager lui permet de dépasser les hésitations et les doutes. Le manager doit, en cas d'échec de son collaborateur, pratiquer « le droit à l'erreur » en se contentant de poser trois questions essentielles :

• **« Comment ça s'est passé ? »** Le manager, par le « comment », évite le sempiternel « pourquoi » qui conduit inévitablement son collaborateur à trouver des justifications n'apportant rien de positif au problème posé. Cette première question sert à rechercher les événements, les faits qui ont construit son échec ou sa difficulté, plutôt que de culpabiliser autour de la notion de faute.
• **« Que peut-on faire pour rattraper ? »** L'urgence de la situation impose sans doute la mise en place de solutions immédiates. Le manager maintient sa confiance dans son collaborateur en lui demandant et en l'aidant à construire une solution. Il ne doit reprendre la direction des opérations qu'en cas de manque de solution de son interlocuteur.
• **« Que proposez-vous pour qu'une chose pareille ne se produise plus ? »** L'art du manager consiste à transformer, dans ce troisième temps, un échec en opportunité de progrès pour son collaborateur. La recherche de solutions d'amélioration constitue sa véritable progression.

Souvenons-nous aussi qu'un échec ainsi traité qui se renouvelle plus de trois fois devient une faute. Pour vous aider dans la mise en place et surtout dans le suivi de vos délégations, vous pouvez vous inspirer du tableau ci-dessous.

Fiche de délégation				
Nom : Objectif de la mission :				Début : Fin :
Sous-objectifs	Résultats	Délais	Dates de suivi	Commentaires
Points positifs : Points à travailler pour l'avenir :			Difficultés rencontrées :	

6. Construire un projet d'équipe

Nous l'avons vu dans le chapitre 1, une équipe ne peut se constituer qu'autour d'une tâche commune. La mobilisation de l'équipe devient l'équivalent au pluriel de la motivation pour un individu. Un groupe de personnes se mobilise **pour quelque chose.** Les énergies individuelles se rassemblent autour d'une motivation ou un but communs. Cette mobilisation autour de ce but se cristallisera dans le projet d'équipe. L'ensemble des managers interrogés durant nos séminaires reconnaissent l'importance de l'ambiance et de la solidarité dans leur équipe. Cette capacité à travailler ensemble s'obtient à partir de la conjonction de deux facteurs essentiels :
– des valeurs communes ;
– un but commun.

• Nous appelons valeurs ce qui est réellement important aux yeux de l'équipe. Les valeurs communes sont la résultante, souvent inconsciente, des personnalités qui composent le groupe ainsi que de l'histoire et de la vie de celui-ci. Ces valeurs lui sont propres et régissent, souvent en souterrain, sa manière de fonctionner. Entre les valeurs du manager et celles de son équipe, il peut exister une grande différence ou une réelle complicité. Le danger serait de considérer que le manager, parce qu'il est manager, doit lui-même décréter les valeurs de son équipe. Les valeurs ne se décident pas, ni ne se décrètent, elles se vivent de l'intérieur.

• Le but commun de l'équipe se trouve de ce fait subordonné aux valeurs en place. Il aura véritablement de sens en fonction de l'importance que lui accorde l'équipe.

Nous vous proposons donc un outil vous permettant **avec votre équipe** de diagnostiquer et de définir un projet collectif. Cet outil se décompose en cinq grandes phases :
– définir les valeurs ou, au moins, les axes importants aux yeux de l'équipe ;

– dégager les critères pertinents et concrets pour chaque valeur ;
– faire établir par l'équipe le « test/diagnostic » de chacune des valeurs ;
– choisir les axes de progrès à travailler ;
– définir en commun le projet.

La méthode compte autant sinon plus que le résultat. En effet, l'objectif premier est de donner à chaque membre de l'équipe un rôle actif en lui permettant de mesurer sa perception du quotidien à partir de notions clés de la vie de l'équipe.
Le manager devra donc jouer pleinement son rôle d'animateur en facilitant le travail du groupe sans intervenir sur le contenu. Il propose et anime des méthodes en se maintenant dans la neutralité la plus stricte quant au résultat du groupe. Il fait fonctionner complètement la carte participative.
L'ensemble de l'équipe doit s'impliquer dans ce travail.

Phase 1 : définir les valeurs ou les axes importants aux yeux de l'équipe

■ La première partie du travail consiste à évaluer sur une échelle de 0 à 10 l'importance des huit valeurs de l'équipe détaillées dans le tableau ci-après.

Ces valeurs doivent être considérées en relation avec la vie de l'équipe au quotidien.
Chaque collaborateur détermine, selon sa perception, l'importance à ses yeux de chaque valeur dans son travail. Cette évaluation effectuée, un membre de l'équipe établit la moyenne de chacune des valeurs en additionnant les scores individuels et en divisant par le nombre de collaborateurs. Durant cette mise à jour des résultats, le manager devra sortir de la salle pour permettre aux collaborateurs de se déterminer en toute liberté. Il revient dans la salle et prend connaissance des résultats du groupe.

DÉFINIR LES VALEURS DE L'ÉQUIPE

Chacune de ces valeurs doit être cotée de 0 à 10 suivant l'importance que vous leur accordez dans votre travail au quotidien.

A. Le service rendu au client (interne ou externe)	0 1 2 3 4 5 6 7 8 9 10
B. L'esprit d'équipe	0 1 2 3 4 5 6 7 8 9 10
C. L'innovation et la créativité	0 1 2 3 4 5 6 7 8 9 10
D. Le professionnalisme et les compétences	0 1 2 3 4 5 6 7 8 9 10
E. Le respect de l'individu	0 1 2 3 4 5 6 7 8 9 10
F. La gestion des moyens	0 1 2 3 4 5 6 7 8 9 10
G. La qualité	0 1 2 3 4 5 6 7 8 9 10
H. L'organisation	0 1 2 3 4 5 6 7 8 9 10

Phase 2 : dégager les critères pertinents et concrets pour chaque valeur

- Nous savons que les mots trouvent une résonance différente chez chaque individu. Nous avons appelé cela le cadre de référence personnel. Un terme comme « qualité » prend un sens très différent si l'on s'adresse à un fabricant (taux de rejet acceptable de 5 %) ou au service contrôle (le « zéro défaut »), ou bien à un financier (la plus haute marge) ou à un commercial (le meilleur sur le marché).

Il est donc nécessaire de faire préciser à chaque membre de l'équipe ce qu'il entend par « service aux clients », « esprit d'équipe », « innovation », etc. Pour ce faire, le meilleur moyen consiste à clarifier comment s'illustrent ces termes dans la vie de l'équipe au quotidien. Ces exemples et ces anecdotes formeront un répertoire concret des actions à promouvoir ou à corriger dans l'équipe.

Les collaborateurs réfléchissent donc seuls ou par deux à des exemples concrets et significatifs pour eux. Le but de cette réflexion consiste à faire le passage entre les huit grandes valeurs et la réalité du quotidien.
La fiche suivante peut vous servir de modèle.

DÉGAGER 3 OU 4 CRITÈRES PERTINENTS ET CONCRETS POUR CHAQUE VALEUR

A. Le service au client :

– ....

B. L'esprit d'équipe :

– ....

C. L'innovation et la créativité :

– ....

D. Le professionnalisme et les compétences :

– ....

E. Le respect de l'individu :

– ....

F. La gestion des moyens :

– ....

G. La qualité :

– ....

H. L'organisation :

– ....

Phase 3 : faire établir par l'équipe le « test/diagnostic » de chacune des valeurs

Le test

Il s'agit, à partir d'un court test, d'évaluer pour chaque collaborateur l'écart entre les 16 propositions énoncées et la réalité telle qu'il la vit au quotidien.

La notation individuelle des affirmations joue sur une échelle de 1 à 10. Cette notation doit se faire rapidement. Elle correspond avant tout à une perception globale. Certaines propositions peuvent donner l'impression de contenir plusieurs idées différentes. C'est tout à fait normal car les réponses doivent relever d'une réaction d'ensemble.

Le dépouillement

La grille de dépouillement reprend dans le « désordre » les numéros des propositions notées sur 10. Chaque collaborateur y reporte, dans un premier temps, ses notations et fait ensuite le total de chaque couple de notes sur 20. Chaque note correspond à une valeur.

Une fois le dépouillement individuel effectué, un membre du groupe est désigné par l'équipe pour réaliser la moyenne des valeurs individuelles et reporter ces notes sur un tableau. Le manager sort de la salle pendant ce temps pour laisser à l'équipe le temps de faire les calculs.

L'analyse et l'interprétation

Une fois le manager revenu :
– il procède à l'appréciation de la taille globale du schéma en huit axes. Rappelons qu'il n'y a pas de bonne ou de mauvaise note en soi. Chaque collaborateur se prononce par rapport à sa perception. Les notes faibles peuvent être tout simplement le constat d'un niveau d'exigence élevé de la part de l'équipe ;
– il fait le point sur les trois thèmes les plus forts et les trois thèmes les plus faibles. Il s'agit ici d'un constat sans jugement de valeur ni d'interprétation ;
– chaque participant apprécie individuellement pendant quelques minutes les écarts entre son graphique et le graphique de l'équipe ;
– le groupe se prononce sur ce qui paraît normal et ce qui le surprend.

LE « TEST/DIAGNOSTIC » DE CHACUN DES CRITERES PAR L'ÉQUIPE

Le test : « Dans mon travail quotidien »
16 affirmations, comprenant chacune 2 parties. Chacune de ces affirmations doit être cotée de 0 à 10.

1. Les moyens informatiques facilitent notre travail et nous permettent d'avoir une gestion de plus en plus rigoureuse. Je maîtrise bien l'informatique à ma disposition. ....

2. Pour être un(e) véritable professionnel(le), la formation est un élément indispensable ; j'en suis conscient(e) et je suis attentif(ve) à l'évolution de mes besoins ; quand cela me paraît important, je fais les démarches pour améliorer mes compétences. ....

3. Dans un souci constant d'amélioration de la qualité du service, nous faisons part régulièrement de nos idées d'amélioration à notre responsable qui les prend en compte et nous donne une réponse argumentée. .....

4. Quelle que soit la nature de la demande d'un client interne ou externe, je mets tout en œuvre pour fournir une réponse rapide, moi-même ou en la transmettant au collègue concerné. ....

5. Je sais comment mon travail s'intègre dans un ensemble d'activités successives. La connaissance que j'ai des personnes qui travaillent dans des domaines proches du mien facilite les échanges et améliore la qualité de mon action. ....

6. Dans mon service, nous nous préoccupons tous de la rentabilité de nos actions ; nous essayons en permanence d'éviter le gaspillage en temps et en argent en étudiant à chaque fois l'intérêt réel des dépenses, quelles que soient leurs natures. Cela nous est facilité par la connaissance des montants engagés. ....

7. J'ai conscience du coût de la non-qualité. Avec mes collègues ou ceux des autres services concernés, nous cherchons des dispositions pratiques pour réduire cette non-qualité. ....

8. Le respect de la personne est une valeur privilégiée de notre équipe ; nous sommes consultés quand une décision nous concerne et, quand c'est possible, nous participons à l'élaboration de la décision. Dans tous les cas, nous sommes informés des décisions prises. ....

9. Le professionnalisme et la polyvalence sont deux facteurs essentiels. J'en suis conscient(e) et j'y contribue en étant prêt(e) à acquérir de nouvelles compétences ou à changer de fonction. ....

10. Nous savons que l'image de l'équipe dépend beaucoup de la qualité de nos prestations, de l'adaptation et de la rapidité de la réponse au client. Quand un client exprime un besoin particulier, nous savons l'écouter et l'aider par nos conseils. ....

11. Au sein de l'entreprise et de l'équipe, les compétences de chacun sont bien prises en compte. Les possibilités de mutation interne sont soigneusement étudiées et nous sommes informés des postes à pourvoir. ....

12. Pour faciliter les évolutions nécessaires, nous sommes vigilants ; nous refusons l'esprit de routine et nous n'hésitons pas à mettre en évidence le besoin de modifier nos procédures ou nos méthodes de travail. ....

13. Dans mon service, l'ambiance est bonne. Nous travaillons tous en étroite collaboration et notre responsable nous apporte son soutien par des actions d'information ou de formation. ....

14. Ici chacun sait qu'il est le fournisseur de quelqu'un et le client d'un autre. Nous nous efforçons d'être clairs dans l'expression de nos besoins et d'avoir une bonne connaissance des besoins réels de « notre client ». ....

15. Dans mon travail, j'ai des objectifs clairs et une autonomie suffisante ; je me sens véritablement responsable. ....

16. Nous sommes consultés et nous participons à la mise en œuvre des améliorations lors de changements dans l'organisation du travail. .....

Le dépouillement

Dans le tableau ci-dessous, reportez sous chaque numéro d'affirmation la note que vous lui avez mise.
Puis remplissez la ligne d'en dessous en additionnant deux à deux les notes correspondantes : vous obtenez alors sur cette ligne des notes sur 20 pour chacun des 8 thèmes.

N° d'affirmation	04	10	05	13	03	12	02	09	08	15	06	11	07	14	01	16
Notes sur 10																
Notes sur 20																
Thèmes	A		B		C		D		E		F		G		H	

Les thèmes :

A. Le service au client

B. L'esprit d'équipe

C. L'innovation et la créativité

D. Le professionnalisme et les compétences

E. Le respect de l'individu

F. La gestion des moyens

G. La qualité

H. L'organisation

LE REPORT DES RÉSULTATS

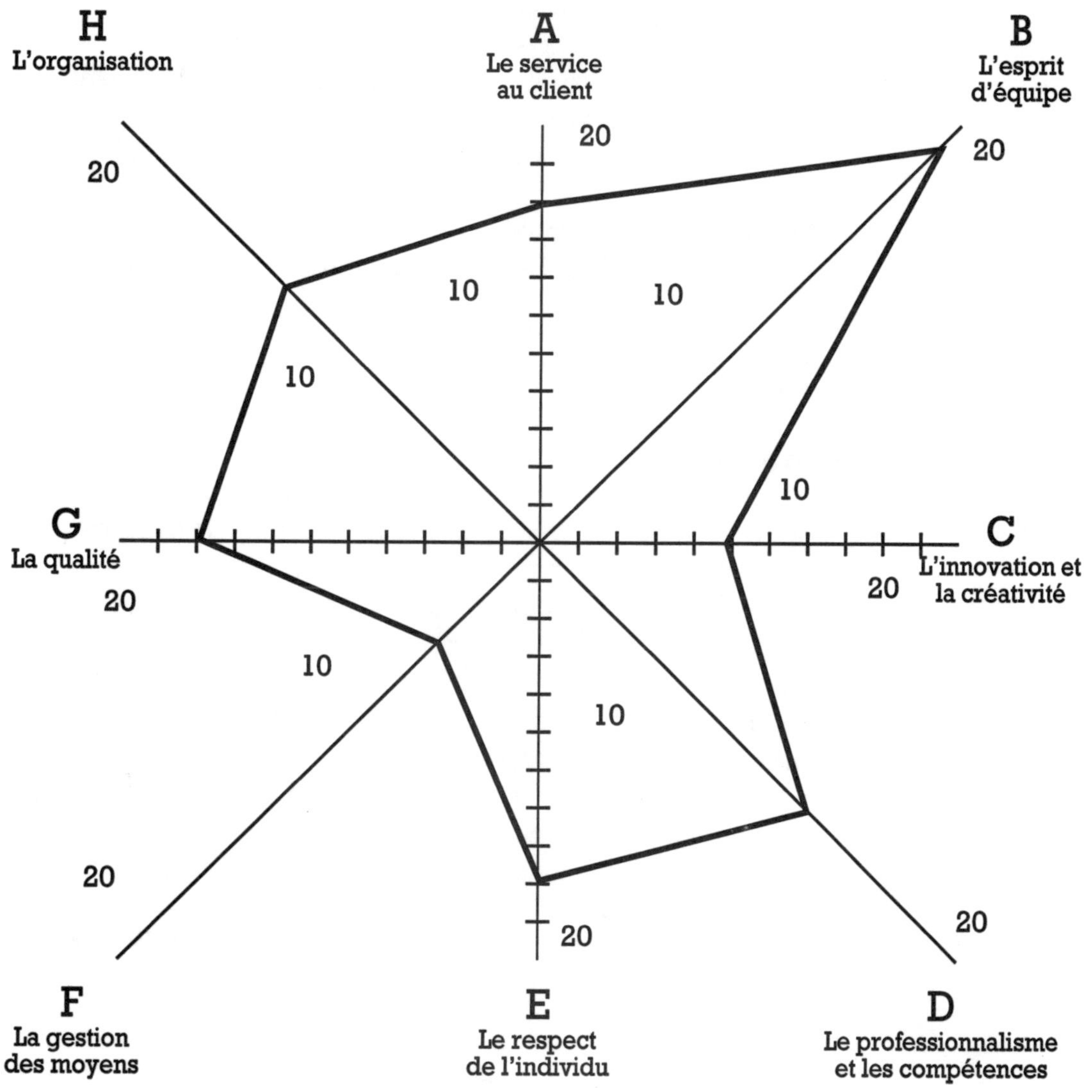

Chaque axe de ce graphique correspond à un thème. Voici, par exemple, à quoi peut ressembler le graphique de la moyenne de l'équipe.

Phase 4 : la définition du projet avec l'équipe

- **L'analyse des écarts :**
Le premier intérêt d'un tel travail réside dans la comparaison entre les résultats de deux séances. Un chiffre, à ce niveau, ne veut pas dire grand-chose. En revanche, l'analyse des écarts entre deux périodes permet de visualiser les thèmes en progression et ceux en régression. Ce baromètre de l'équipe doit être « consulté » au moins une fois par an.

- **Le choix du 1er axe à traiter :**
Il est capital de choisir l'axe que l'équipe désire majoritairement traiter. Il n'est d'ailleurs nullement impératif que ce soit l'axe ayant la note la plus basse ; l'objectif est avant tout de progresser sur un axe reconnu prioritaire sur le moment.

- **La recherche des causes :**
Il est bon ici de reprendre les deux affirmations correspondantes dans le test et de faire réfléchir le groupe sur les causes de dysfonctionnement. A ce stade, le groupe doit impérativement raisonner en termes de problèmes et non pas de solutions. Le manager pourra animer sa réunion en utilisant quelques techniques de résolution de problèmes :
– faire remplir par les collaborateurs des cartons sur lesquels ils inscrivent les causes qu'ils visualisent. Ces cartons seront affichés au fur et à mesure sur un tableau de papier ;
– ces cartons seront regroupés par l'équipe en grands thèmes essentiels ;
– le manager pourra alors utiliser pour une meilleure visualisation du travail de l'équipe un diagramme « cause/effet » d'Ishikawa, dit aussi « arête de poisson » :

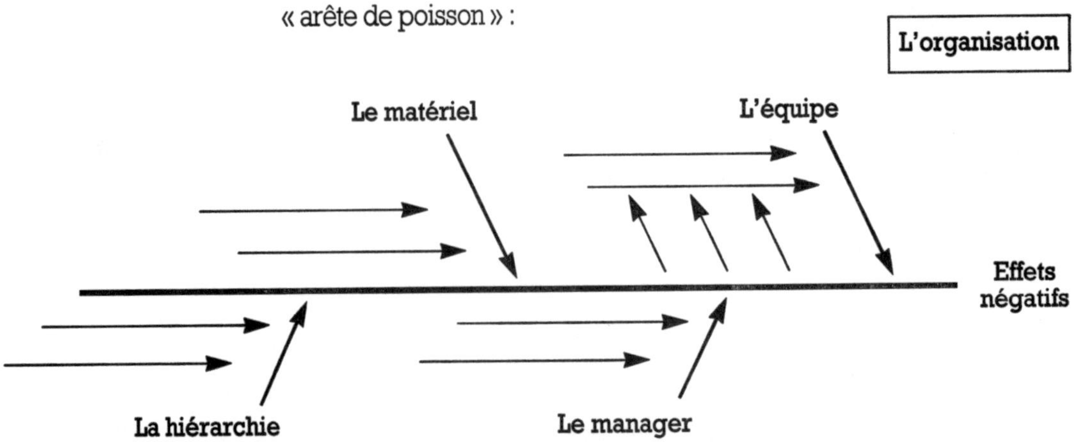

Chaque cause étant répertoriée, le manager peut proposer de les hiérarchiser par ordre d'importance. Là aussi, l'équipe doit décider des priorités. Chaque collaborateur fait, à tête reposée, sa hiérarchisation des causes, et la mise en commun des données, sous forme d'une matrice, désignera la cause majoritairement perçue par le groupe.

Le manager pourra dès lors visualiser les résultats à l'aide d'un diagramme de Paréto :

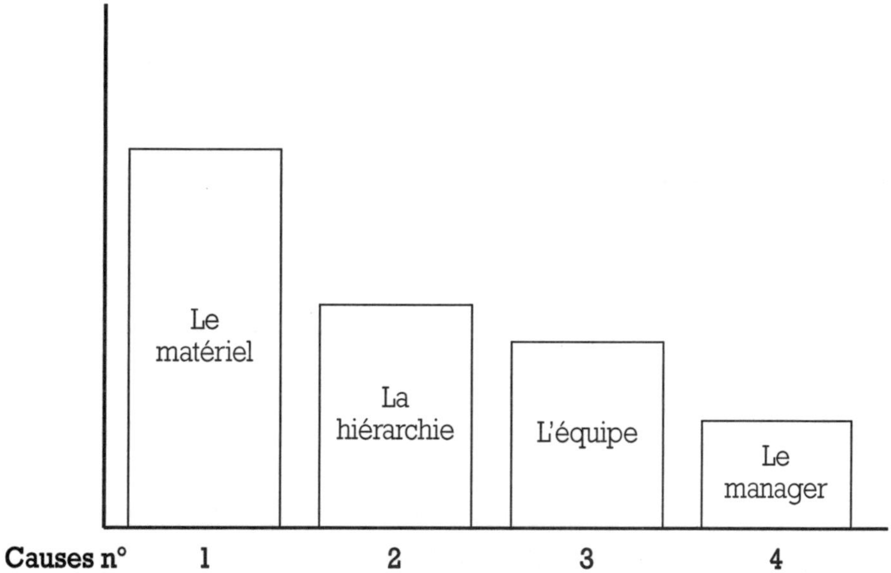

Les choix de la première cause à traiter apparaissent clairement aux yeux du groupe.
Vient ensuite l'étape de la formalisation d'un objectif de progrès. Cela passe par la définition la plus explicite possible du niveau de résultat que l'équipe se propose d'atteindre.

- **L'émergence de propositions et leurs choix :**
À partir de l'identification de la première cause à traiter, le groupe peut commencer à imaginer les solutions possibles. Le manager laisse l'équipe s'exprimer sur ses propositions d'action. La méthode des cartons exposée plus haut peut à cette occasion être reprise. Si les propositions sont faibles, ou hors de portée immédiate, le manager proposera de passer à l'examen d'une autre cause. Si les propositions s'avèrent nombreuses, le manager pourra procéder à un vote pour définir les priorités d'action.

Phase 5 : la définition du plan d'action

■ Le plan d'action peut s'élaborer à partir de la question : « Par quoi faut-il commencer ? », suivie de : « Et ensuite ? ».

Le groupe met ainsi progressivement en place la chronologie des actions à réaliser. Le tableau ci-dessous peut servir de modèle à la synthèse sur tableau de papier.

LE PLAN D'ACTION		Projet :	
Étapes	Tâches à réaliser	Par qui	Durée
A			
B			
C			

■ **La mise en place du planning, la fixation des délais et la détermination de la procédure de suivi :**
Une fois les actions identifiées, le manager peut reporter les différentes tâches sur un planning en indiquant les points de suivi décidés par l'équipe. Le tableau ci-dessous peut servir de modèle.

LE PLANNING D'ACTION	Projet :
Objectifs d'étapes	Calendrier de réalisation
A :	
B :	
C :	
D :	
E :	
F :	

- **Le suivi :**
  Toute la crédibilité de la démarche repose sur la qualité et le sérieux du suivi effectué par le manager. Il devient prioritaire.

Bien entendu, toutes ces étapes peuvent très bien se réaliser en plusieurs fois, l'important étant de conserver la méthode. De plus, chaque problème ne suppose pas nécessairement le déploiement et la formalisation de l'ensemble des outils présentés.

Avec ce procédé, l'équipe a, de bout en bout, décidé du contenu de chaque étape. Le manager s'est juste contenté d'apporter les méthodes et d'animer la ou les séances. Il s'inscrit ici dans un processus entièrement participatif. Les résultats de chacune des étapes sont à part entière la propriété de l'équipe et le projet qui en découle devient, de ce fait, le sien.

7. La progression personnelle du manager

A l'issue des six premiers chapitres de cet ouvrage, il nous paraît utile de faire un point sur les techniques facilitant la mise en application des méthodes abordées. En effet, la réflexion et la mise en lumière des techniques de management se révèlent, sur le plan de l'ouverture d'esprit, indispensables pour chaque responsable d'équipe. Indispensables, certes, mais nullement suffisantes. Seule la maîtrise de ces techniques appliquées sur le terrain assurera au manager une réelle efficacité.

« Toute facilité apparente, toute réussite sont les fruits d'une rigueur intime ». La mise en pratique d'outils ou de nouvelles techniques n'est certainement pas chose facile. Elle suppose que nous sachions nous remettre en situation d'apprentissage, et comme il nous est bien plus facile d'appréhender intellectuellement une nouvelle notion que de l'intégrer à nos comportements quotidiens, nous faisons très souvent l'économie du passage du « savoir » au « faire ».

Nous vous proposons d'effectuer un tour d'horizon sur la manière dont vous pouvez intégrer dans votre quotidien les différents outils exposés dans ce livre.

- **La courbe de progression :** toute progression suppose des étapes réparties dans le temps pour absorber les baisses de performance dues à l'apprentissage.
- **Visualiser ses objectifs :** apprendre à percevoir la réussite de nos objectifs par nos cinq sens.
- **Utiliser la ressource temps :** programmer un point hebdomadaire pour le suivi des actions de management.
- **Le plan d'action des objectifs de progression :** transformer ses objectifs en plan d'action.
- **Le récapitulatif des outils :** déterminer les pistes d'action prioritaire dans le récapitulatif des outils contenus dans cet ouvrage.

Chacune de ces réflexions et de ces outils vous aideront à la mise en place des techniques et à l'optimisation de vos qualités de manager.

La courbe de progression

- Toute progression est basée sur la décomposition des efforts à fournir. L'auto-apprentissage consiste donc à se fixer un but, un objectif et à découper le chemin qu'il reste à parcourir en étapes intermédiaires facilement vérifiables.
  Le schéma ci-dessous pourrait représenter cette première approche.

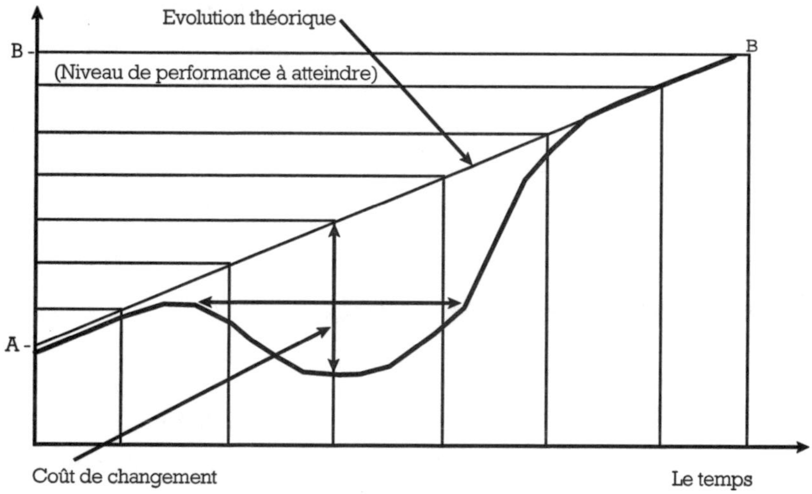

La première progression de A à B, bien rectiligne, tient d'une projection linéaire . Elle est logique, mais non réaliste. En effet, la progression d'un individu ou d'une organisation suit une évolution en courbe, très schématiquement représentée dans le graphique ci-dessus. Nous sommes loin du bel algorithme précédent.

Dans chaque progression nous constatons, dans un premier temps, une amélioration des performances, puis une phase de régression. Cette phase est symbolisée par la courbe descendant au-dessous du niveau A de départ. Cette chute de performance s'appelle le « coût du changement ». Tout changement a un coût, une période durant laquelle notre niveau est moins bon que notre niveau initial de performance. Ce passage est aussi appelé « passage critique » du fait du découragement qu'il peut entraîner. À ce stade la personne peut se dire : « Je n'y arriverai jamais » ou encore « Ça marchait bien mieux avec mon ancienne technique ». Toutes les situations d'apprentissage où nous avons dû changer d'anciennes habitudes pour en construire de nouvelles nous ont fait traverser ce passage. Le sportif qui doit corriger ses gestes pour accéder à un niveau supérieur, le professionnel qui intègre un nouveau logiciel, le technicien utilisant une nouvelle machine, subissent inévitablement ce coût du changement durant lequel ils peuvent se dire que les choses allaient plus vite et plus facilement avant. Leur progression tient dans leur capacité à intégrer ce coût pour le dépasser et acquérir des habiletés supérieures. Aucune technique, aucun outil, ne peut autoriser l'économie de cet investissement personnel.

« L'habitude, disait Blaise Pascal, est une seconde nature ». Nos comportements sont tellement ancrés en nous, que nous avons l'impression qu'ils sont innés et que rien, ni personne ne pourra les modifier. C'est sans doute pour cela que certaines personnes décrètent qu'ils ne pourront plus changer tel ou tel aspect de leur comportement. Ils ont eux-mêmes décidé de l'époque où ils se sont arrêtés d'évoluer.

Visualiser ses objectifs de progrès

■ Pour progresser, et surtout pour dépasser ce « coût du changement », nous avons besoin de toutes nos ressources, conscientes et inconscientes. Nous savons techniquement comment mettre en place un programme de progression, notre professionnalisme conscient maîtrise généralement bien ce genre de problème. Il suffit de regarder comment la solution à certaines difficultés d'autrui nous semble facile à trouver. En revanche, nous pouvons très bien savoir ce qu'il faut faire pour progresser et nous en tenir à un souhait, un vœu pieux. « Il faudrait que je le fasse, je devrais m'y mettre », autant de belles intentions qui restent lettre morte.

Utiliser nos ressources inconscientes pour réussir consiste en grande partie à nous automotiver. Pour cela, nous devons nous offrir une représentation précise de notre objectif. Cette représentation est la manière dont nous allons visualiser notre réussite. Nous devons pour cela :
– **viser un résultat précis :** les verbes sont la meilleure façon d'exprimer un objectif : remettre un dossier, mener un entretien de qualité, réussir telle délégation avec tel collaborateur, etc. ;
– **être positif :** rien de pire qu'un objectif énoncé en termes « d'évitement ». Notre inconscient se moque de ce que nous ne voulons pas et de ce que nous voulons éviter, il appréhende simplement ce que nous souhaitons d'une manière positive.

– voir, entendre, sentir : recueillir des informations sensorielles : une fois votre objectif précisé et énoncé en termes positifs, demandez-vous :

- « Que verrai-je quand j'aurai atteint mon objectif ? »
- « Qu'entendrai-je ? »
- « Que ressentirai-je ? »

Notez les réponses. Essayez d'imaginer quatre réponses par question. En vous permettant de voir, d'entendre et de sentir ce qui se passera quand vous aurez atteint votre objectif, vous « programmez » votre inconscient à utiliser les ressources dont il a besoin dans les moments difficiles.

Utiliser la ressource temps

■ Le management demande du temps mais, nous l'avons vu, il se révèle un investissement fructueux pour l'équipe, pour la manager et pour l'entreprise. Pour progresser dans la mise en place des outils proposés dans les précédents chapitres, le manager doit affecter un minimum de temps et de réflexion à la mise en place et au suivi de ses objectifs personnels de progrès. Dans la tourmente du quotidien, chacun sait qu'il est difficile de prendre le recul nécessaire à ce type de réflexion. C'est pourquoi, nous vous proposons de consacrer simplement **quinze minutes** par semaine à la mise en place de votre progression.

Nous faisons vraisemblablement tous un point de notre activité de la semaine le vendredi en fin de journée ou le lundi matin pour démarrer la semaine. Nous regardons tout ce qui a été fait et nous programmons les actions restant à effectuer. C'est le moment pour faire aussi le point sur le management de notre équipe. Ce point de semaine nous permet de nous poser la question suivante : **« Qu'ai-je fait cette semaine pour motiver mon équipe ? »**
Cette simple question vous permettra de vous remémorer les actions entreprises auprès de vos collaborateurs, les points sur lesquels vous êtes trop rapidement passé ou les oublis dans la réponse à une question. Vous pourrez dès ce moment planifier les actions spécifiques de management à mener pour la semaine à venir. Ce type d'organisation constitue un excellent filtre pour les mille et un petits oublis du quotidien, et permet de progresser dans la durée.

Le plan d'action des objectifs de progression

■ Chaque objectif a besoin d'une formalisation par écrit. Nous vous proposons un modèle de plan d'action.

PLAN D'ACTION	N°.........
Date : **Objectif :**	**Délai :**
Résultats concrets attendus :	
Critères de succès : – Ce que je verrai : – Ce que j'entendrai : – Ce que je ressentirai :	
Obstacles :	**Ressources :**
Actions à entreprendre : 1 - ____ 2 - ____ 3 - ____ 4 - ____ 5 - ____ 6 - ____	**Commentaires :**

Le récapitulatif des outils

Thèmes	Décisions d'action	Avec qui	Quand	Suivi
1. L'horizon de la mission : • L'axe 1 : le client • L'axe 2 : la technique et l'organisation • L'axe 3 : l'équipe • L'axe 4 : la gestion • L'analyse de mon activité **2. Les motivations :** • L'analyse des motivations de mes collaborateurs • L'analyse de mes valeurs et de celles de mes collaborateurs **3. L'analyse de l'équipe :** • Les comportements des collaborateurs : – L'analyse globale – L'analyse individuelle D | A C | B • Les compétences et les motivations des collaborateurs : – La description de fonction – Le référentiel de compétences – L'analyse : fort vouloir peu de savoir — fort savoir peu de vouloir				

THÈMES	DÉCISIONS D'ACTION	AVEC QUI	QUAND	SUIVI
4. Les styles de management : • Les 5 styles : 1/9 9/9 5/5 1/1 9/1 • Les 4 cartes du manager : III | I IV | II • La potence : A → B ↓ B • Le Z de la communication : A → B C → • La comparaison de l'analyse de l'équipe et des styles de management **5. Les techniques et les outils de communication :** • Les 7 règles d'or de la communication • L'analyse de l'information dans l'équipe : – Opérationnelle – Organisationnelle – Relationnelle – Institutionnelle • Faire passer un message : – Rassurer – Considérer – Argumenter – Considérer • Négocier : – Reformuler l'objection – Creuser l'objection				

Thèmes	Décisions d'action	Avec qui	Quand	Suivi
– Isoler – Pré-verrouiller – Proposer • Accompagner la formation du collaborateur en 8 étapes : – La prospective – Le constat – L'envie – La validation – La synthèse – Le suivi – Le succès – L'autonomie • Reconnaître un collaborateur • Recadrer un collaborateur • Déléguer : – Analyser – Préparer la délégation au collaborateur – Faire parler le collaborateur – Négocier les moyens – Suivre et accompagner • Jouer le droit à l'erreur : – Les 3 questions clés • La fiche de délégation **6. Construire un projet d'équipe :** • Définir les valeurs de l'équipe • Dégager les critères concrets • Faire faire le test/diagnostic • Définir le projet **7. La progression personnelle du manager :** • La courbe de progression • Visualiser ses objectifs : – Viser un résultat précis – Être positif – Recueillir les informations sensorielles • Utiliser la ressource temps • Le plan d'action des objectifs de progression				

À l'issue de la lecture de ces chapitres, commence le vrai travail : celui de la mise en application. C'est certainement la phase la plus difficile.
Mais nous espérons, par ces pages, avoir aidé votre réflexion et facilité ainsi des actions d'amélioration dans votre mission quotidienne de responsable d'équipe.

Bon courage !

Bibliographie

G. Archier, H. Serieyx, *L'Entreprise du troisième type*, Paris, Seuil, 1984.

G. Archier, O. Ellissalt, A. Setton, *Mobiliser pour réussir*, Paris, Seuil, 1989.

A. Cardon, V. Lenhardt, P. Nicolas, *L'Analyse transactionnelle, outil de communication et d'évolution*, Paris, Éditions d'Organisation, 1979.

J. Carlzon, *Renversons la pyramide !*, Paris, Inter Éditions, 1984.

A. Cayrol, J. de Saint-Paul, *Derrière la magie*, Paris, Inter Éditions, 1984.

D. Chiffre, J. Teboul, *La Motivation et ses nouveaux outils*, Paris, Entreprise Moderne d'Édition, 1988.

M. Crozier, *L'Entreprise à l'écoute*, Paris, Entreprise Moderne d'Édition, 1991.

O. Gelinier, *Stratégie de l'entreprise et motivation des hommes*, Paris, Éditions Hommes et Techniques, 1984.

D. Genelot, *Manager dans la complexité*, Paris, INSEP Éditions, 1992.

B. Jarosson, *Invitation à une philosophie du management*, Paris, Calmann-Lévy, 1991.

H. Landier, *Vers l'entreprise intelligente*, Paris, Calmann-Lévy, 1991.

G. Layole, *Dénouer les conflits professionnels*, Paris, Éditions d'Organisation, 1984.

V. Lenhardt, *Les Managers ont besoin de « coach »*, interview *Challenge*, sept. 1989.

J. Naissbitt, P. Aburdene, *Coup d'état dans l'entreprise*, Paris, Inter Éditions, 1986.

I. Orgogozo, H. Serieyx, *Changer le changement*, Paris, Seuil, 1989.

I. Orgogozo, *Les Paradoxes de la qualité*, Paris, Éditions d'Organisation, 1987.

I. Orgogozo, *Les Paradoxes de la communication*, Paris, Éditions d'Organisation, 1988.

R.-T. Pascale, A.-G. Athos, *Le Management est-il un art japonais ?*, Paris, Éditions d'Organisation, 1984.

T. Peters, *Le Chaos management*, Paris, Inter Éditions, 1988.

T. Peters, R. Waterman, *Le Prix d'excellence*, Paris, Inter Éditions, 1983.

Stratégor, *Stratégie, structure, décision, identité, politique générale de l'entreprise*, Paris, Inter Éditions, 1993.

H. Serieyx, *Mobiliser l'intelligence de l'entreprise*, Paris, Entreprise Moderne d'Édition, 1990.

H. Serieyx, *Le Zéro mépris*, Paris, Inter Éditions, 1989.

A. Toffler Alvin, *Les Nouveaux Pouvoirs*, Paris, Fayard, 1990.

Imprimé en France par la Société Nouvelle Firmin-Didot
Dépôt légal : mai 1995
N° d'impression : 30994